KB088933

책 읽는 아이로 키우는
엄마표 독서 코칭

책 읽는 아이로 키우는

엄마표
독서 코칭

아이의 행복한 미래를 위한
엄마의 용기 있는 선택

권도경 지음

두드림미디어

나는 아이들을 정말 사랑한다. 시집《요놈! 요놈! 요 이쁜 놈!》
에는 한없이 아이를 사랑하는 천상병 시인의 마음이 담겨 있다.
시인이 아이를 예뻐하는 자신의 마음을 시에 실어냈듯, 나는 교
육자가 되어 아이들에 대한 사랑을 마음껏 펼치리라 다짐했다.

아이들은 가난, 성적, 건강, 성격 등 어떤 이유로도 차별받아서
는 안 된다. 아이들은 무조건 사랑과 격려와 칭찬을 받으며 자
라나야 하는 존재다. 지금껏 교육자로서 이 점을 절대 잊지 않
았고, 또 그렇게 실천해왔다. 나의 선한 교육 가치관을 널리 퍼
뜨리려 이 책을 썼다.

오랜 시간 아이들을 사랑하는 교육전문가로서 현장을 지켜왔
다. 열심히 배우고, 몰입하며 살아온 날들이다. 20여 년 전, 이
런 생각을 했다. 우리나라가 경제적으로 풍요로워지면, 아이들
이 자신의 고유한 생각을 자유롭게 표현하고, 인정받을 수 있는
일상을 맞이하게 될 것이라고…. 또한 아이들이 점수로만 평가
되는 것이 아니라, 각자가 가진 다양한 재능을 발휘하는 사회에
서 살 수 있을 거라고 생각했다.

그러나 아직도 현실은 그렇지 못하다. 오히려 예전보다 더 치

열하다. 아이들은 오히려 자신의 개성을 더 꼭꼭 숨기며, 학교에 이어 학원에서도 매일매일 시험으로 평가받고 등급이 매겨지고 있다. 도서관, 서점, 작가 등 책을 읽고 찾을 상황은 한층 더 풍요로워졌다. 하지만 정작 아이들은 책을 읽을 시간과 정신적 여유도 없이 사는 안타까운 현실이다.

책은 우리가 상상할 수 있는 것보다 더 큰 힘이 있다. 그 힘은 겉으로 드러나지 않기에 부모들은 독서의 중요성을 깜박 잊어버리기도 하는 듯하다. 세상에서 성공한 사람들의 공통점에는 책이 있다는 것을 모르는 사람은 없을 것이다. 그들은 책을 통해 자신의 꿈을 명확하게 설정하고, 책에서 길을 찾아 묵묵히 새로운 길을 만들었다. 과연 우리 아이가 걸어가는 길에는 어떤 존재가 있는지 성찰해보기를 바란다.

책은 살아 움직이는 생명과도 같은 존재다. 엄마가 자신, 아이, 가족의 행복을 위해 용기를 내어 독서를 선택할 때다. 책은 절대로 노력을 배신하지 않을뿐더러 어떤 문제라도 현명한 해결 방법을 찾을 수 있도록 따스하고 환한 빛을 선사할 것이다.

책은 과정을 즐기는 일이다. 책 속에서 자란 아이는 자신이 가

책 읽는 아이로 키우는 엄마표 독서 코칭 ""

진 꿈을 실현하기 위해 당차게 모험을 떠날 것이다. 그 길의 방향을 알려주고, 용기를 북돋아줄 존재는 외부에 있지 않다. 바로 아이의 깊은 내면에서 여행 채비를 하고 기다리고 있다. 엄마는 아이의 내면에 자존감과 의지, 신념, 자기 확신이 자리할 수 있도록 독서 코칭을 해주자. 이 책과 더불어 진귀한 보물을 품은 책들이 엄마와 기꺼이 동행할 것이다.

마지막으로 나의 독서 생각과 경험을 세상에 나눌 수 있도록 용기를 준 '한국책쓰기강사양성협회' 김태광 대표님과 ㈜두드림미디어 관계자께 감사함을 전한다. 더불어 나의 선택에 강한 신뢰와 지지를 아끼지 않는 엄마, 남편, 두 아들, 그리고 친구이자 동료인 오 부원장 덕분으로 행복하다고 말하고 싶다. 누구보다 책 쓰기를 응원해준, 생애 가장 특별한 삶을 살며 박 피디로 불리고 싶어하는 박 부원장의 완쾌를 기원한다.

권도경

책 읽는 아이로 키우는 엄마표 독서 코칭

차 | 례

제1장 우리 아이는 왜 책을 좋아하지 않을까?

제2장 자녀 육아에는 책 읽기만 한 것이 없다

제3장 독서가 자녀의 일상이 되는 방법

행복한 아이로 키우는 엄마표 독서 코칭

자녀의 성공을 여는 열쇠는 독서다

우리 아이는
왜 책을 좋아하지
않을까?

01

우리 아이는 왜 책을
좋아하지 않을까?

"선생님, 우리 아이가 다른 것보다 책을 좋아하는 아이가 되었으면 해요!"

최근 몇 년 동안 가장 많이 들은 엄마들의 고민이다.

나는 독서지도사다. 20년 넘게 학부모들에게 독서 상담을 하고 있다. 그동안 사회가 발전하고 변화함에 따라 교육 방향도 빠르게 변화하는 것을 지켜봤다. 그런 모습을 보면서 내가 느낀 것은 단 하나, 변하지 않는 불변의 진리는 '책'이라는 것이다.

이 주장에 이의를 제기할 사람이 있을까? 책은 마법 같은 존재다. 무엇을 상상하든 그 세계로 이끌어주는 힘을 가지고 있다는 말이다. 아이들은 어릴수록 풍부한 상상력과 순수한 영혼을 지니고 있다. 그런데 왜 아이들이 상상 가득한 '네버랜드'로 데려다줄 책을 멀리하게 된 것일까?

인류 문명의 뿌리는 문자와 기록이다. 그 결과물인 책은 인간의 욕구를 채워주고, 인류의 발전을 끊임없이 돕는 역할을 톡톡히 해왔다. 여기에 이의를 달 사람이 있을까? 인류의 역사를 들여다보면 점토판부터 갈대, 종이, 전자책에 이르기까지 책을 중요하게 여겨 왔다는 것을 알 수 있다. 책 속에 꿈꾸는 미래와 무한한 상상을 담고, 책 속 지혜로 상상을 현실로 만들며 내일을 열어 온 인류가 아니던가.

책은 인간의 욕망을 채우고 개인의 능력을 발전시키는 도구였다. 또한 오랫동안 사랑을 받아 왔을뿐더러 누군가에게는 열망의 대상이었다. 신분 상승의 기회로 여겨져 귀한 대접을 받기도 했다.

그런데 고도로 문명이 발달한 21세기에 아이들이 점점 책을 외면하고 있다는 것이다. 과연 아이들이 책을 싫어한다는 엄마들의 말이 진실인지, 거짓인지, 변명인지, 무관심인지 밝혀 봐야겠다.

나는 학부모들의 고민에 대한 해결방안을 나름대로 찾아보려고 한다. 학부모들에게 명쾌한 솔루션을 제시해주기 위해서. 과거의 나를 소환해보고, 독서지도사로서 보낸 시간과 경험을 바탕으로 해결 방법을 찾는 여정을 시작하려 한다.

"선생님, 둘째 애 친구 집에 놀러 갔었는데, 너무 놀랐어요!"

아이 셋을 둔 후배 선생님의 다소 격앙된 목소리가 전화기 너머로 전해졌다.

"거실이 마치 모델하우스 같았어요. 인테리어도 정말 멋지고, 먼지 한 톨 없이 깨끗하더라고요. 그런데 애들 책이 없었어요."

"책은 먼지가 나는 데다 거실 인테리어를 망칠 수 있어 아이들 공부방에 다 들여놓았다고 하더라고요."

후배 선생님은 책을 중심으로 자녀 3명을 밝고 씩씩하게 키우고 있는 엄마다. 그러니 이 상황이 도저히 이해할 수 없는 일임에 틀림이 없을 터다.

이 전화를 받고 문득 생각나는 일이 있었다.

5년 전 영어학원을 운영하는 원장님과 중학생 아이의 독서 습관과 수준에 대해 상담을 나눈 적이 있었다. 원장님은 독서교육에 남다른 열정과 철학을 가진 분이었다. 여러 상담 끝에 독서환경을 살펴보고 싶어 원장님 집을 방문하게 되었다. 나는 독서수업이 한 사람의 성장을 돕는 핵심적인 원동력이란 믿음이 강한 편이다. 그래서 첫 시작점으로 집의 독서환경을 점검하는 것이 중요한 일이라 여긴다. 가정 내 도서 구비 상황을 확인해보는 것이 독서교육의 방향을 잡는 데 꼭 필요한 과정이라 여긴다.

나는 그 원장님이 교육관이 뚜렷하고 책에 대한 애정이 깊은 분이라 굳게 믿고 있었다. 아뿔싸! 기대가 너무 컸던 탓일까? 새로 입주한 그분의 아파트 거실에는 벽에 붙인 대형 TV와 이름을 알 수 없는 큰 나무만 덩그러니 서 있을 뿐이었다. 화분에 담겨서. 책은 한 권도 찾을 수 없었다. 공부방에 놓인 책장에 기대를 걸고 둘러봤는데, 이게 웬일인가? 대략 초등학교 3학년 정도 수준의 책들이 듬성듬성 꽂혀 있을 뿐이었다.

물론 책의 많고 적음으로 독서교육의 성공과 실패를 예단할 수는 없는 노릇이다. 그러나 경험이나 여러 사례로 미뤄봤을 때 책을 좋아하는 아이들의 공통점이 있었다. 집에 다양한 책들이 갖추어져 있을뿐더러 자유롭게 책을 골라 읽는 시간을 즐긴다는 점이다. 그만큼 집의 독서환경이 책에 대한 아이들의 호감이나 책 읽기 능력을 높이는, 긍정적인 영향을 준다는 뜻이리라.

나는 쌍둥이 아들을 둔 워킹맘이다. 지금은 어엿한 26세, 청년이 되어 스스로 선택한 삶을 살아가고 있다. 나는 아주 어릴 때부터 아이들을 매우 사랑하는 아이였다. 5남매의 막내여서 동생의 부재가 그렇게 이끌었는지는 알 수 없으나, 아이들이 정말 사랑스럽고 좋았다.

인생 최대의 축복이 사랑하는 자녀를 가지는 것이라 믿는 만큼, 간절하게 아이를 원했다. 그 간절함이 통했을까? 천사 같은 2명의 아기가 한꺼번에 나를 찾아왔다. 내 생애 가장 행복한 순간이었고, 축복이었으며, 기적이었다. 여느 부모보다 더 강렬하게 내 아이들을 행복하고, 자기 자신을 사랑할 줄 아는 아이로 키우겠다고 결심했다.

'엄친아'라는 말을 들어봤을 것이다. 이 말은 '엄마 친구 아들'이라는 뜻으로, 모든 면에서 완벽한 조건을 가진 남자를 일컫는

책 읽는 아이로 키우는 엄마표 독서 코칭

다. 이런 줄임말이 신조어에 등극한 것을 보노라면, 요즘 엄마들의 사고방식에 격세지감을 느끼게 된다. 엄마들이 자기 아이의 단점을 다른 아이의 장점과 비교하는 것이 일반화되어 있음을 알게 해주니 말이다.

나도 자식 욕심 많은 아버지로부터 두 살 터울의 오빠와 늘 비교당하며 절망에 빠져 어린 시절을 보냈다. 그래서 사랑하는 내 아이만큼은 절대 어떤 누구와도 비교하지 않으리라, 각자의 장점을 찾아 고유한 인격을 존중하며 키우리라 다짐했었다.

이때 또 하나 지킨 지침이 있다. 바로 '옆집 아줌마를 조심하라!'라는 것이었다. 내가 이 지침을 철저히 지키리라 굳게 다짐하고 제일 먼저 행동으로 옮긴 것이 있다. 엄마인 내가 먼저 바른 교육을 배우러 나선 것이다. 스스로 배우고 익혀, 내 사랑하는 아이를 한 그루의 나무처럼 굳건하게 키우리라 다짐하면서.

내가 선택한 교육 방법은 이렇다. '독서지도사로서 공부하는 엄마가 되고, 책을 최상의 교육지침서로 삼는다.' 그렇게 아이들이 생후 18개월 때부터 엄마표 독서지도사가 되었다. 더 나아가 하루 24시간을 잘게 나누어 육아와 살림, 독서지도사 공부, 학교, 학원, 문화센터, 도서관 수업에 참여하는 등 고군분투하는 삶을 살았다. 비록 바쁜 스케줄이지만 아이들에게는 객관적 지성을 지닌 엄마로 거듭나는 멋진 모습을 보여주고 싶었다. 그 결과, 아이들과 책으로 마음을 나누고 서로의 꿈을 이야기하며 응원하는 관계로 함께 성장할 수 있었다.

아직도 아이들이 그림책을 보며 골똘히 생각에 잠기던 모습을 기억한다. 무거운 눈꺼풀이 살포시 내려앉을 때까지 책 속 친구들을 만나려고 잠을 쫓던 아이들의 얼굴을 떠올린다. 그때면 내 입가에 절로 미소가 지어지는 것은 당연지사이리라.

그렇게 우리 아이들은 책 속 주인공을 만나고 상상하고 책을 사랑하며 자랐다. 그리고 누구보다도 더 자기 삶의 주인으로서 책임을 다하며 당당히 살아가고 있다. 더해서 지금은 엄마의 꿈을 응원해주는 든든한 지원군으로서, 곧잘 엄마의 고민을 상담해주기도 한다.

독서환경을 갖추는 것은 생각보다 쉬운 일이다. 가족의 취향을 완전히 무시하며 TV를 없애고, 강제로 책을 읽히라는 것이 아니다. 단지 책이 아이들 곁에 쌓여 있는 것은 지극히 자연스러운 일이라는 것이다.

엄마의 취향이 있으니, 집 안 인테리어에 엄마의 의견이 반영되는 것은 당연할 것이다. 그러나 잠깐이면 된다. 생각보다 아이들은 오랫동안 우리 곁에 머무르지 않는다. 다시 되돌릴 수 없는 소중한 시간이 지금도 빠르게 흘러가고 있다. 책은 선택의 대상이 아니다. 숨 쉬며 공기를 내 몸에 빨아들이듯 자연스럽게 우리 몸에 뿌리내리게 해야 하는 존재다.

엄마에게는 자식의 몸과 마음을 건강하게 키워내야 하는 막중한 의무가 있음을 잊어서는 안 된다. 과연 아이에게 책을 좋아하는 환경과 상황을 만들어주었는지, 냉철한 심판자가 되어야 한다.

'책은 중요하니 무조건 읽어야 한다.'
"책, 정말 중요하지요. 단지 우리 아이가 싫어하니 걱정입니다."

이런 생각과 말은 더는 해서는 안 된다. 우리 아이들은 정신적, 육체적으로 보호받을 권리가 있다. 여기에 중요한 것, 하나를 더 포함해야 한다. 바로 우리 아이들이 천국 같은 집에서 책과 함께 뒹굴고, 상상하며 이야기할 수 있는 권리 말이다. 책은 우리 아이 인생에 심대한 영향을 끼칠 핵심적인 존재이기 때문이다.

엄마들이 고민하는 것처럼 책을 싫어하는 아이들은 없다. 사람은 누구나 현실의 자신보다 더 나은 사람으로 발전해가고자 하는 욕망을 갖기 때문이다. 이제는 환경을 바꿔야 한다. 부모 없이 미래를 살아가야 할 아이들을 상상해보자. 지금부터 엄마이기 때문에, 할 수 있는 것을 하자. 바로 엄마 독서코치가 되는 것이다. 그러면 엄마와 아이가 어우러져 책을 더 사랑하고 좋아하게 되는 귀한 경험을 할 수 있다. 더불어 책을 통해 자신과 자녀의 진정한 삶의 가치를 알아 가는 것은 책만이 줄 수 있는 미덕일 것이다.

엄마의 낡은 우산을 버려야 한다

TV나 신문 광고면에 아름다운 배우, 가수들이 노란 우산을 들고 있는 것을 본 적이 있다. 때로는 노래 가사에도 우산이 자주 등장하곤 한다.

"나는 우산이 없어요."
"그대 내겐 단 하나의 우산이 되었지만."

가수 김호중과 우순실의 노래 한 소절씩이다.

우산이 가지는 의미는 참으로 따뜻하고 안정적이다. 날씨가 흐릴 때, 우산 하나만 가방에 챙겨 넣으면 든든한 마음이 든다. 누구나 한 번쯤은 경험했을 것이다. 이쯤에서 부모님들에게 사랑하는 자녀를 위해 어떤 우산을 준비하셨는지 물어봐야겠다. 혹시 준비한 최신식 명품 우산이 보슬비만 겨우 피할 수 있는지, 장대비가 쏟아져도 아이를 감싸줄 수 있는지, 심사숙고해 신중하게 챙겨야 하니까. 왜냐하면 아이는 부모님이 준비해준 우산을 쓰고 비 내리는 세상 속을 혼자 걸어가야 하기 때문이다.

나는 학원들이 빽빽하게 들어선 건물에서 독서학원을 운영하고 있다. 이 건물에 입주한 업종의 80% 이상이 학원이다. 그러니 이 건물은 나름 동네 학원들의 메카인 셈이다. 7층짜리 건물에 2층 영어학원부터 시작해, 3층부터 7층까지는 입시 전문 학원이 3개 들어서 있다. 그 외 피아노, 발레, 태권도, 바둑, 창의요리 학원뿐만 아니라 초등부터 고등까지 영어, 수학, 국어학원이 여러 갈래로 갈라져 빼곡히 입주해 있다.

그러다 보니 아이들이 학원 수업을 마치고 다른 학원으로 이동하는 시간이 되면, 엘리베이터는 그야말로 인산인해를 이룬다. 교재로 가득 찬 가방을 메고 늦은 밤이 될 때까지 이리저리 학원을 뺑뺑이 도는 아이들의 일상을 한눈에 볼 수 있다.

아무리 교육정책이 바뀌어도 엄마들의 교육 방향은 오로지 대학입시를 지향한다. 자꾸만 개정되는 교육정책이 무색할 정도다. 2015년 개정 교육은 창의융합형 인재를 목표로 내세웠다. 창의융합형 인재란 새로운 지식을 창조하는 창의력, 다양한 지식을 결합해 새로운 결과물을 만들어내는 능력을 갖춘 사람을 일컫는다.

우리 교육의 목표는 미래 사회를 이끌어갈 인재의 양성과 개발이다. 즉, 교육 방향이 오로지 국가의 미래를 책임지고 이끌어갈 리더를 육성하는 데 맞춰져 있다는 뜻이다. 그러니 자녀의 교육 방향이 모호하거나 갈피를 못 잡겠으면, 먼저 교육과정을 잘 살펴볼 필요가 있다. 그러고 나서 그에 맞는 방법을 찾는 것이 무엇보다 미래를 예측해내는 핵심이다.

"선생님, 남들처럼 하지 않으면 너무 불안해요!"

엄마들은 한결같이 불안하다고 말한다. 엄마의 불안감은 여지없이 아주 빠른 속도로 아이들에게 전이된다. 아이들은 아침 7시쯤 일어나 잠자리에 드는 늦은 시간까지 학원에서 학원으로 릴레이 경기하듯 옮겨 다닌다. 이에 뒤질세라 학원마다 선행학습, 레벨업, 정답, 오답 체크에 온통 신경을 곤두세운다. 학원이 정한 점수를 채우지 못하면, 아이들은 보충 학습을 하고, 재시험을 치른 후에나 학원 문을 나설 수 있다.

그래서인지 늘 마음이 바쁘고, 조급하며, 불안해보이는 어린 학생들이 많다. 혹시 재시험을 치르는 날이면 다음 학원에 늦게 되고, 뒤이어 선생님과 부모님의 질책이 따르게 된다. 이후에 어른들은 더 강도가 높아진 학습과 빈틈없이 빡빡한 일정이라는 조처를 아이들에게 내린다. 학원을 운영하는 내가 아이들에게 입버릇처럼 하는 말이 있다.

"스스로 자기 공부와 독서를 할 수 있는 시간을 확보해야 한다. 학원은 어려운 부분을 도와주는 역할을 할 뿐, 끝까지 책임

책 읽는 아이로 키우는 엄마표 독서 코칭 "

을 지는 곳이 아니다. 결국 너희가 자기 주도적인 생활을 못 한다면 자신이 원하는 삶을 살아갈 수 없게 된다."

우리 어른들은 우리를 책임져줄 미래의 주인들에게 진짜 삶이 무엇인지 이야기해줄 수 있어야 한다.

"선생님, 12시까지 영어단어 외우느라 잠을 못 잤어요."

아이들에게 하루 10분 만이라도 책을 꾸준히, 즐겁게 읽어보라고 권하자 돌아온 대답이다. 이런 상황인데도 학부모는 이렇게 푸념을 늘어놓기 일쑤다.

"우리 아이가 책을 안 읽어요!"

이런 말을 하는 부모님에게 묻고 싶다. 과연 자녀에게 책 읽을 시간을 보장해주었는가 하고. 더 시간이 흘러가기 전에 진지하게 자신에게 물어봐야 할 것이다.

책이 지닌 고유한 가치를 아이가 느끼도록 하는 독서가 아니라, 학습처럼 빠른 결과가 나타나는 독서를 하기를 바라는 학부모가 꽤 많다. 자녀의 미래에 지대한 영향을 끼칠 독서의 힘을 길러주기보다는, 겉으로 드러나는 평가와 얕은 결과만 중요시하기 때문이다. 그건 독서에 대한 학부모들의 미시적인 관점이 발현된 것이라 확신한다.

우리는 여기서 조금만이라도 관심을 기울여 세상의 변화를 읽고, 어떤 것이 아이의 미래를 위한 교육인지 깊게 고찰해야 한다. 그리고 아이의 삶을 위해 단호하게 결단해야 한다. 우리 아이의 특성을 살피고, 고유한 자질을 발전시켜 미래의 삶을 잘 살아내는 아이로 키우겠다고 말이다. 이는 절대 망설여서는 안 되는 문제다. 그리고 그 결단에 따라 아이의 꿈을 빛내줄 우선순위가 무엇인지, 매일 무엇을 우선해야 하는지 판단해 시간을 관리해야 한다.

조선시대 인물 중 내가 존경하는 세 사람이 있다. 첫 번째 인물은 성웅 이순신이다. 두 번째는 22대 임금인 정조다. 세 번째는 정조의 남자라고 불리던 천재 실학자 정약용이다. 이 세 사람을 존경하는 인물로 뽑은 이유로는 여러 가지가 있지만, 그 공통점은 그들의 합리적 생각과 혁신적인 행동이다. 또한 그들은 그 누구보다 독서광이었다.

이순신 장군은 불멸의 성웅이다. 그가 남긴 책 《난중일기》를 보면, 전쟁 중에도 책을 읽었을 만큼 그가 지독한 독서가였다는 사실을 알 수 있다. 그의 유비무환 정신은 어릴 때부터 곁에 두고 읽은 병법서와 전쟁서에서 기인했다고 볼 수 있다.

정조는 정쟁의 소용돌이 속에 아버지 사도 세자가 죽임을 당하는 모습을 직접 목격한 임금이다. 효심 깊은 어린 왕자가 그 광경을 보며 느꼈을 분노는 가히 짐작하고도 남는다. 그때 생겼을 트라우마를 염려했음에도, 그는 범접할 수 없는 힘을 가졌을 때 누구보다 냉철하고 혁신적인 군주의 모습을 보여준다. 물론 아버지의 한을 달래고, 명예를 되살리는 일도 거뜬히 해낸다.

정조의 대표적인 업적은 과학적으로 축조된 수원화성을 꼽을 수 있다. 화성은 그가 시대를 앞선 기술과 정책을 펼침으로써 이룬 결과물이다. 화성은 세계가 인정하는 유네스코 세계문화유산으로 지정되었다.

마지막으로, 정약용은 조선을 대표하는 실학자이자 철학자다. 정조의 남자로 불릴 만큼 정조의 신임을 받았지만, 정조의 사후 정쟁에 휘말려 무려 18년이란 긴 세월 동안 유배 생활을 해야 했다. 그는 유배지에서도 어린 아들들의 훈육을 위해 많은 편지를 썼는데, 자식 걱정에 애끓는 아버지가 아들들에게 끊임없이 강조한 것은 독서였다. 그의 편지에서 그 흔적들을 수없이 찾을 수 있다.

"너희가 독서를 하는 것이 나를 살리는 일이다."

자신의 목숨이 바람 앞의 등불 같은데도 독서를 강조한 것은 아이들의 장래를 걱정하는 아버지의 마음으로 받아들일 수 있겠다.

3명의 공통점을 되새겨보자. 그들은 목숨이 위태로울 정도의 시련을 겪었지만, 자신의 신념을 지키며 일희일비하지 않는 합리적이고 거시적인 사고를 지닌 리더들이었다. 그들의 힘이 어디서 비롯되었는지는 짐작할 수 있지 않은가. 바로 독서다.

세계 경제는 18세기 1차 산업혁명 시대를 시작으로 2차, 3차 산업혁명을 거치며 빠르게 발전해왔다. 그러다 21세기에 4차 산업혁명 시대를 맞게 되었다. 누군가는 인간의 뇌와 컴퓨터 칩이 결합하는 5차 산업혁명을 언급하기도 한다. 똑같은 기능과 기술을 가진 사람이 필요했던 시대, 한 분야에 특화된 고학력의 전공자가 필요했던 시대가 지나가고 있다. 우리 인간이 지닌 지식의 힘보다 더 정확하고 빠르게 쓰일 수 있는 대체 기능들이 상용화되고 있다는 말이다.

현재만을 살아가는 우리에게 이런 상황이 오리라고 누가 가르쳐 주었던가? 이런 시대를 살게 되리라고는 어떤 시스템도 예견하지 못했다. 학교, 가정, 사회 어떤 곳도. 우리는 지나온 과거와 지금의 순간만을 살고 있을 뿐이다. 그런데도 미래를 살아가야 할 우리 아이들에게 케케묵은 과거의 가치를 강요하고 있지는 않은가?

젊은 친구들이 어른들의 말 중 제일 불편해하는 말은 무엇일까? 아이러니하게도 우리가 젊을 때 어른들에게서 들은 말이다. 전혀 공감할 수 없고 괴리감을 느꼈던, 바로 이 말이다.

"나 때는 말이야!"

아직도 빠르게 변화하는 시대를 읽지 못하거나 알려고 하지 않는가? 사랑하는 아이들이 기성세대가 만들어놓은 입시의 틀 속에서 자신의 꿈, 즐거움, 희망을 찾지 못한 채 어른이 되게 내

책 읽는 아이로 키우는 엄마표 독서 코칭

버려두려 하는가?

비바람이 세게 치는 날, 우리 아이에게 낡은 우산을 건네줄 것인가? 튼튼하고 자동으로 펼쳐지는 안전한 최신식 우산을 들려줄 것인가? 지금 결정해야 한다. 우리 아이가 언제 돌풍을 동반한 비바람을 만날지 알 수 없기에 부모의 결단이 필요하다.

책 속에 길이 있다. 우리 아이들은 그 길을 갈 권리가 있고, 우리 부모들은 그 길을 알려줄 의무가 있다. 부모는 아이가 길을 나설 때 튼튼한 우산을 손에 꼭 쥐여주기만 하면 된다.

03 옆집 아이 독서가 궁금한 엄마

신학기가 시작된 지난 3월에 있었던 이야기다. 초등학교 학부모 독서 모임에 독서 강의 의뢰가 들어왔다. 젊은 엄마들의 열정이 느껴지는 모임이라 흔쾌히 수락했고, 약속된 2시간을 훌쩍 넘겨 진행되었다.

오랫동안 상담과 강의를 진행해왔지만, 이 강의가 특별히 기억에 남는 이유가 있다. 초등학교 4학년 자녀를 둔 엄마들의 모임이었는데, 그들의 남다른 열정이 독서전문가들의 공부 모임보다 뜨겁게 느껴졌기 때문이다. 소규모의 독서 모임이 많아져 부모와 자녀들이 책으로 행복해지고, 책에서 얻은 지혜로 현명하게 살아가기를 바라는 나의 마음이 컸던 탓도 있다.

세상의 일에는 양날의 검이 있다. 모든 것에는 태양 빛처럼 밝음만 존재할 수는 없다는 것이다. 유익함을 주는 장점이 있는가

책 읽는 아이로 키우는 엄마표 독서 코칭

하면, 장점을 상쇄하는 단점도 존재한다. 이 모임의 장점은 엄마들 스스로 독서에 관심을 높이고, 자녀에게 그 독서 영향을 줄 수 있는 점이다. 바로 엄마표 독서 코칭이 시작될 수 있다.

반면 단점은 모임에 참가한 엄마들이 자기 자신은 물론 자녀에 이르기까지 서로 비교하며 스스로와 가족에게 조급함으로 상처를 주는 일이다. 인간은 각자 다양한 개성을 지닌 존재가 아니던가. 각자가 가진 고유한 색깔이 툭 삐져나오게 되는 순간, 마음의 균열이 생기기 마련이다. 특히 아이가 이야기의 고리가 되면 이성이 감정을 이기지 못하고, 균열이 일어난 마음 한 귀퉁이에서 시기와 질투가 싹을 틔운다. 무엇보다 자기에게 집중하는 성숙함을 가지도록 유의해야 한다.

아이는 어릴수록 신체적, 정신적 발달 속도의 차이가 큰 편이다. 이를 아는 엄마들도 자식을 향한 맹목적인 사랑의 본능 앞에서는 이성을 조절하는 능력이 상실하기 쉽다. 아이의 뇌 발달 단계, 유전적인 기질, 재능, 관심사 등이 다른데도, 아이들은 또래라는 집단화에 일원이 된다. 그 결과 내 아이는 사라지고 보편적인 가치 기준에 갇힌 아이들만 남겨진다.

'루비콘강을 건너다.'

기원전 49년 고대 로마의 지도자 '율리우스 카이사르(영어명은 시저)'는 권력과 목숨이 위태로운 상황에 놓이게 된다. 고국 로마의 정치 상황으로 진퇴양난에 몰리게 되자, 군으로 무장한 채 루비콘강을 건너고 만다. 이런 결단은 내전을 일으키는 의도로 해석되는 행동이었다. 이때 상황을 빗대어 주로 되돌릴 수 없는 결정을 내리거나, 행동으로 옮길 때를 표현하는 말이 되었다.

엄마는 아이 교육 앞에서는 카이사르처럼 건너서는 안 되는 강을 건너기도 한다. 특히 가까운 관계에 있는 친구의 아들, 아들의 친구와 관련되면, 엄마의 이성을 돌아올 수 없는 강을 건너게도 한다.

자녀 교육은 내 아이를 가장 중심에 두고, 아이가 주체적인 삶을 살 수 있도록 하기 위한 것이다. 이런 교육에 대한 절대적 가치를 지닌 말에 엄마의 대답은 어떨까?

"당연히 그렇지!"라고 자신 있게 말할 것이다. 하지만 엄마 스스로 내면을 깊게 들여다보면 어떤 결과가 나올까? 세상의 잣대와 사회가 만든 관습, 부모의 경험과 지식으로 채어진 기대가 내 아이 교육의 중심에 놓여 있다는 사실을 발견하게 될 수도 있다.

"집에서 책을 읽는 방법을 알려 드릴게요. 예를 들어……."

내가 작은 예를 드는 순간에도 엄마들은 자신을 다른 엄마들과 비교하기 바쁘다. 전달하는 독서방법을 해본 경험이 있는 엄마가 있으면, 주변 엄마들의 표정은 부러움과 안도감과 걱정스러움으로 바삐 변한다. 학교에서 열심히 공부 중인 아이를 엄마의 상상 세계로 끊임없이 불러내 비교하기 바쁘다.

아이를 키우는 엄마들에게는 자신보다 조금 앞서 자녀를 키우는 동네 엄마는 참으로 귀한 존재다. 내 아이를 키우는데 필요한

책 읽는 아이로 키우는 엄마표 독서 코칭

정보를 주는 구세주가 되기도 하니. 그러나 어느 순간 그는 시기의 대상이 되고, 그때 받는 스트레스와 불안감은 오롯이 아이의 몫으로 남는다. 자식 문제 앞에서는 서로가 마냥 선한 영향을 주는 관계가 되기는 쉽지 않을 것이다. 바로 인간이 가진 비뚤어진 욕망이 아이들에게 대물림되는 순간이다.

부모는 자녀의 양육과 훈육을 위해서 갖춰야 할 자질이 있다. 특히 엄마가 주 양육자인 경우가 많아, 엄마의 실질적인 노력이 더 필요하다. 자질이라면 대단하거나 거창한 것이 아니다. 무엇보다 객관적인 사실을 제대로 아는 것에서부터 시작한다. 제대로 안다는 것은 자녀의 교육목적, 방향, 내 아이의 가치에 초점을 맞추는 방법을 말한다. 다른 아이와 비교해서 기뻐하거나 절망하거나 할 필요가 전혀 없다. 그런 에너지는 아껴두었다가 내아이의 올바른 교육을 위해 사용해야 한다. 그것이 엄마의 마음을 평화롭고 해줄 것이다. 무엇보다 엄마랑 특별한 교감을 하는 어린 자녀일수록 그 마음을 함께 누릴 수밖에 없는 것이 아닌가. 아이는 엄마의 힘으로 마음이 여유롭고 자신을 아끼며, 사랑하는 존재로 성장하는 것이다.

엄마란 자식을 위하는 일이라면 제 목숨도 내줄 만큼의 각오와 뜨거운 사랑을 가진 존재다. 그런 큰 사랑을 베푸는 존재가 잘못된 교육 관념을 맹목적으로 좇는다면 아이에게 어떤 일이 생길지 상상해보자. 내 아이를 바라보지 않고, 자신의 잣대로 한 목표만을 보고 수단과 방법을 가리지 않고 앞만 보고 달린다고 머릿속으로 그려보자. 소중한 아이에게 어떤 일이 생길지, 어디에서 어떤 모습이 되어 있을지 머릿속으로 그려봐야 한다. 되돌릴 수도 없는 너무 먼 길로 가기 전에 결단이 필요하다. 잘못된 방향의 키를 돌려 아이와 함께 손을 꼭 잡고, 옳은 길로 걸어가는 길을 선택하기만 하면 된다.

신학기나 방학이 되면 독서 관련 상담 예약이 많아진다. 이때는 교과 필독서에 관한 문의가 많고, 과목별로 무엇을 더 읽혀야 할지, 무슨 책을 준비해 줘야 할 것인지 궁금한 점이 증폭하는 시기다. 특히 누가 어떤 책을 보고 있는지에 대한 말을 들으면 엄마들의 불안감을 가히 상상을 뛰어넘는다. 물론 독서로 새로운 학년을 준비하는 모습을 우려하는 것이 아니다. 교과서는 발췌본으로만 구성된 경우가 많아 교과 필독서는 전체 내용을 다 읽고 탐독을 돕는 장점이 있다.

모든 일에는 순서가 있기 마련이다. 먼저 학습의 주체자인 아이가 신학기에 어떤 주제로 무슨 이야기를 배우게 될지를 아는 것이 우선이다. 교과서는 배제하고, 주변에서 들은 정보만으로 급한 마음에 책을 구매하고, 아이에게 어떤 설명도 없이 무조건 읽기를 강요하는 풍경을 쉽게 볼 수 있다. 심지어 선행학습의 목적이 강하다 보니 아이가 읽기에는 책 수준이 당연히 높을 수밖에 없다. 과연 이런 방법이 아이에게 체계적인 독서와 좋은 학습이 될 수 있을지 생각해봐야 할 부분이다. 아이는 엄마가 짜놓은 프로그램대로 움직이고 생각하는 AI가 아니지 않은가.

책 읽는 아이로 키우는 엄마표 독서 코칭 "

옆집 아이는 옆집 아이다. 교과에 맞춘 독서도 필요하고, 시대에 앞서는 생각을 만들어주는 책도 읽어야 하고 꼭 필요하기도 하다. 그러나 절대 놓치면 안 되는 것이 있다. 그건 바로 사랑하는 내 아이가 바로 내 곁에서 초롱초롱한 눈빛으로 엄마를 바라보고 있다는 사실이다.

어린 내 아이는 어떤 책과 독서가 필요할까? 사랑하는 엄마의 아름다운 목소리로 들려줄 이야기보따리를 기다리고 있는 것은 아닐까? 이야기보따리가 펼쳐지면 신비로운 세상이 열리고, 푸른 하늘을 날아 주인공이 될 것이다. 내 사랑하는 아이는 이 순간 얼마나 행복한 추억을 만들고 있을까? 이 추억은 앞으로 세상을 살아가며 옛이야기에서 들었던 무서운 호랑이로부터 자신을 지켜줄 든든한 곶감이 되어 준다는 것을 짐작이나 할까?

엄마는 아이의 훌륭한 스승이 되는 방법을 생각하자. 그 해답은 바로 책에 있다. 사람은 누구나 자신만의 이상이 있고, 각자의 가치관이 다르기에 한쪽으로 치우친 생각을 하기 마련이다. 자신의 사고에 대한 절대 믿음이라는 오만함으로 자녀를 양육하는 행위는 반드시 피해야 한다. 그렇다고 너무 어려워하거나 난감해하는 것은 금물이다.

지금 훌륭한 스승들이 엄마를 만나기 위해 시공간을 초월해 책 속에서 기다리고 있으니…. 그들은 엄마가 사랑하는 자녀에게 빛나는 지혜를 전하는 스승이 되는 것을 도울 준비가 끝났다. 엄마표 독서 코칭은 이렇게 시작하는 것이다.

04

학년에 맞는 책은
언제 읽을까?

우리나라 문맹률 1%, 실질 문맹률 75%…. OECD 국가를 대상으로 한 조사 결과다. 3년 전 EBS 1 〈미래 교육 플러스〉에서 문해력의 중요성과 우리나라 문해력 실태에 대해 다룬 적이 있었다. 그 이후 문해력을 주제로 한 다양한 프로그램이 만들어져 그 심각성을 대중들에게 알리는 역할을 톡톡히 했다.

문맹률이란 배우지 못해서 글을 읽거나 쓸 줄 모르는 사람의 비율을 뜻한다. 반면 문해력은 문자를 읽고 그 의미까지 아는 능력, 실질 문맹률이라고도 한다. 문해력이 떨어지면 글을 읽고 쓸 줄은 알더라도 글의 의미 파악까지는 어렵다. 결국 의사소통에 어려움을 겪는 지경에 놓일 수도 있다. 한편 학생들은 단순히 읽기의 어려움에 그치는 것이 아니라, 이해력이 바탕이 되는 학습에도 문제로 나타난다. 더 나아가 학생들은 소통과 학습의 어려움으로 이어져 마치 도미노처럼 연쇄적인 불안을 안고 성

책 읽는 아이로 키우는 엄마표 독서 코칭

장하게 되지 않을지 염려스럽다.

"선생님, 수준별로 독서를 하면 교과 필독서는 놓치는 거 아닌가요?"

독서 수준이 학년보다 낮게 나온 아이의 엄마들이 우려하는 부분이다. 언제부터인가 교과 필독서와 권장 도서, 추천 도서 등으로 아이들의 어깨가 더 무거워졌다. 그래서 아이의 도서는 아이의 성향과 수준에 맞는지 세심한 관찰이 필요하다.

나는 학년별 교과서 수준의 도서를 선정해 아이의 읽기, 쓰기, 말하기를 파악해서 도서 레벨을 정하고 있다. 그 과정으로만 아이의 독서 수준을 100% 정확하게 평가할 수 있다고, 단정 지을 수는 없는 일이다.

그러나 성장기에 있는 아이의 문제이니만큼 최대한 검증이 된 자료와 나의 경험으로 쌓은 데이터로 신중하게 판단하고자 노력을 아끼지 않는다. 신중한 결과를 중심으로 도서를 선정하고, 아이와 책이 함께 호흡할 수 있게 하고자 한다.

아이들의 독서는 즐거워야 한다. 현재 아이의 독서 능력을 무시하고 학년만 고려한 독서를 고집하다 보면, 오히려 자녀에게 악영향을 줄 수 있다. 즉, 아이는 책이 전하는 내용을 이해하지 못할 뿐만 아니라, 책에 대한 재미와 흥미를 영영 잃을 수도 있다는 것이다.

'소탐대실'이라는 말이 있지 않은가? 부모들은 자녀의 학년에 발이 묶여 교과 필독서에 목을 매는 경우가 종종 있다. 워낙 시중에 그런 독서를 독려하는 책들이 가득 차 있다. 또 학교 선생님께서 추천하는 도서에도 이런 내용이 빽빽이 들어차 있는 경우가 많다. 그러니 엄마들은 혼돈에 빠져 마음이 또 급해지기 마련이다.

물론 교과서는 책의 발췌본이나 축약본으로 구성된 경우가 많으니, 교과 필독서로 아이가 긍정적인 영향을 받을 수 있는 활동은 무조건 찬성이다. 아이는 전문을 읽으며 작가가 전하는 작품 세계로 빠지기도 하고, 배경지식을 쌓으며 깊이 있는 독서를 할 수 있으니 그 얼마나 좋은가?

여기서 부모님과 선생님은 절대 놓치거나 잊어서는 안 되는 것이 있다. 무엇보다 가장 우선시 되어야 할 것은 독서의 주체자인 아이가 책을 이해하고, 수용할 능력을 갖추고 있는지 따져 봤는지다. 사람마다 저마다 가진 재능이나 관심 분야가 다르다. 나는 그들의 도서 선택을 한 논리대로 묻고 싶다.

"어머니, 어른이시니 모든 영역의 책이 이해되고, 흥미로우며 재미있으신지요?"

"네"라고 당당하게 답할 수 있는 사람이 거의 없을 것이다. 이 질문이 지나치게 극단적이라고 느낄 수도 있겠다. 하지만 아이들은 아직은 성장하는 시기에 있지 않은가? 세상의 이치와 원리를 이해할 수 없는 것처럼, 책도 다르지 않다. 학년과 나이에만 집착한 책은 결국 아이들이 책을 읽지 않으려 하고, 나아가 상상하는 것조차 거부하는 것을 초래하기도 한다.

간혹 마음이 여리고 순한 아이는 이해하기 어려운 책을 봐도, 아는 척하며 그 상황을 모면하려고 한다. 아이의 이런 행동은 사랑하는 사람인 엄마를 안심시키는 방법이라 판단했을 것이다. 또 자신이 선택한 행동이 문제를 더 빠르게 해결할 수 있다고 판단한 일종의 현실 도피의 방어기제일 것이라 짐작할 수 있다. 그것이 습관이 되어 행동이 반복적으로 굳어지면, 자기 스스로 많이 안다고 착각하며 자라기도 한다.

'눈 가리고 아옹'이라는 속담의 의미를 되새기자. 결국 아이가 상위학교에 진학하고 자신의 목표를 이루고자 할 때 일어날 일을 짐작해볼 수 있다. 우리 아이가 자신의 인생에서 중요한 시기에 있을 때, 진짜 자신의 힘을 발휘할 수 있을지 의심스럽다. 의심을 확신으로 바꿔준 경우는 주변에서 쉽게 찾을 수 있다.

"중학교 때까지는 공부를 곧잘 했는데, 고등학교는 아뿔싸! 우리 아이가 이런 점수를 받아올지 꿈에도 몰랐어요!"

이런 고민을 토로하는 엄마들이 많아지는 것을 어렵지 않게 볼 수 있다. 이는 아이의 문해력과 독서 능력을 무시한 결과다. 뿌리가 튼튼한 줄기와 잎들을 받쳐주듯, 독서는 모든 학습의 뿌리 같은 역할을 한다. 독서로 강해지는 문해력이나 독서력은 단기간에 발전할 수 없기에 아주 어릴 때부터 오랫동안 차곡차곡 쌓아 올리는 노력이 따라야 할 것이다.

누구나 알고 있는 동화 《늑대와 아기 돼지 삼형제》를 보더라도 알 수 있지 않은가? 동화 속 아기 돼지 삼형제를 통해 세상일은 손쉽게 이룬 것은 딱 그만큼 상응하는 결과를 얻을 수밖에 없다는 것을 알게 된다. 즉, 아이의 튼튼한 미래를 위해서 지금부터라도 아이의 손과 힘에 맞는 재료로 천천히 꾸준하게 쌓아가야만 한다.

지금부터라도 아이가 자신에게 맞는 책으로 신나게 읽는 것을 습관화할 수 있도록 기회를 주자. 그러다 보면 자신의 학년뿐만 아니라, 그 이상 가뿐히 뛰어넘어 저 너머의 목표지점에 도달해 있을 것이다.

교과서는 현 단계에서 배우는 내용이 다음 학년으로 이어지는 나선형 구조다. 전 학년 동안 습득해야 할 지식을 단계적이고 유기적으로 정리해놓은 것이라, 중간에 지식의 구멍이 생기지 않도록 촘촘히 다지는 것이 중요하다. 독서는 더할 나위 없는 방법이다.

우리나라 최고액권 5만 원권을 빛내고 있는 인물은 조선 최고의 유학자 율곡 이이의 어머니 '신사임당'이다. 신사임당은 남존여비 사상이 팽배했던 조선시대의 여인이다. 그녀는 딸이지만 개방적인 가정에서 자란 덕분으로 많은 책을 읽으며 자랄 수 있었다. 그러한 영향으로 학문, 시, 그림에 뛰어났다. 무엇보다 조선 최고의 유학자인 율곡 이이를 비롯해 일곱 자녀 모두를 훌륭히 키워낸 최고의 어머니로 칭송받는 인물이다.

신사임당의 셋째 아들인 이이가 서당을 다니던 시절에 일화다. 이이는 친구들보다 앞서서 어려운 서책을 읽는 것을 어머니께 자랑했다. 이때 어머니 신사임당은 칭찬은커녕 큰 소리로 꾸짖었다. 이유는 책을 읽는 것은 남을 앞서기 위함이 아니라, 책 속 선인들의 말씀과 지혜를 실천하는 데 있다는 것을 아들이 깨닫길 바랐던 어머니의 실천적 가르침이었다.

책이 무엇인지, 그 정의나 독서의 목적을 모르는 사람은 거의 없을 것이다. 우리는 어떤 상황에도 변함없이 책의 순수한 진리를 따를 수 있을지 자신을 고찰해보자. 신사임당이 이이를 나무랐던 것처럼, 우리도 자기 스스로 어떤 일에도 흔들리지 않는 신념을 지니도록 노력해봐야 하지 않을까? 그것이 느린 듯하나 가장 빠른 깨달음의 길일 것이다.

미래의 주인인, 별 같이 빛나는 아이에게 무엇을 꿈꾸게 할 것인가? '소 잃고 외양간 고친다'는 속담처럼 시간이 흐른 뒤에 후회할 일을 만들지 말자. 아이는 이 순간에도 자라고 있다.

지난달, 초등학교 3학년 아이들과 이천에 있는 도자기 체험을 다녀왔다. 아이들은 각양각색의 모양과 크기를 가진 도자기를 만들기 위해 부지런히 흙을 빚고, 돌리기를 반복했다. 초록빛이 은은하게 도는 청자를 만들었던 터라, 구워지는 시간이 필요했기에 한 달여 만에 도자기를 받을 수 있었다. 기다린 보람이 있었다. 작디작은 손으로 빚어낸 이 세상에 단 하나뿐인 도자기를 보니 감동적이었다. 어리게만 보였던 아이들이 자신의 힘으로 만든 또 하나의 세상이었다.

아이는 커가면서 자신이 만든 도자기를 보물처럼 여기며 살아갈 것이다. 그들이 스스로 결정한 모양과 크기대로 완성된 작품을 보며, 그들이 느낀 뿌듯함은 쉽사리 잊힐 수 있는 경험이 아니다.

이렇듯 우리 아이는 본능적으로 자기를 안다. 엄마는 내 아이를 믿고, 아이 스스로가 선택하는 경험과 즐길 수 있는 독서 시간을 확보해주자. 엄마는 너무 앞서거나, 멀리 뒤처지지 않게 아이의 손이 닿을 수 있는 적당한 거리에 머무르자. 아이가 자신의 독서 세계를 잘 찾을 수 있도록 그 거리만큼 서 있는 것이 엄마의 역할이다.

05

과정보다는
결과를 바라는 독서

결과란 열매를 맺는다는 뜻이다. 자연에서 열매가 열리기까지 겪어내야 할 것을 생각해보면 이 세상 어느 것 하나 귀하지 않은 생명이 없지 않은가? 과일을 얻기 위해 충분한 햇빛과 수분을 공급하고, 비료를 주며, 벌레를 잡아준다. 때로는 자연의 무한한 힘을 이겨야 할 때도 있다. 이 모든 과정을 이겨내야만 비로소 풍성한 결실을 얻을 수 있다. 그래서 큰 보람과 행복을 맛볼 수 있는 것이 아니겠는가! 식물도 이러한데 하물며 사랑하는 아이가 성장하는 동안 맺어갈 열매 이야기라면 더할 나위 없이 소중할 것이다.

그렇다면 한 사람이 태어나 싹을 틔우고 결과를 얻기까지 얼마의 시간과 노력이 필요한 것일까? 나무에 갖은 정성을 다해 열매라는 결실을 얻었는데, 아이는 얼마만큼의 과정을 겪어야 자신이 원하는 결과를 성취할 수 있을까?

아이가 성공을 이루는 과정에서 필수적인 요건을 크게 3가지로 정리해보겠다.

첫째, 자신의 명확한 목표다. 자신이 절실하고 간절하게 원하는 삶이 무엇이며, 이루고 싶은 꿈의 지도를 그려야 한다. 그 지도가 내 눈 앞에 펼쳐질 때, 가고자 하는 원하는 곳으로 배를 띄워 항해가 시작되며 희망찬 방향키를 돌릴 수 있기 때문이다.

둘째, 나의 꿈을 향한 항해에서 길을 잃지 않고, 목적지까지 안전하게 안내해줄 방법이다. 즉, 꿈을 향한 항해를 할 때 든든한 길잡이가 되어줄 나침반처럼 정확한 지침이 필요하다. 그것은 선인들의 경험이 충분히 담긴 지침서여야 한다.

셋째, 배가 목적지에 도착했을 때 배를 든든하게 받쳐줄 든든한 닻이 있어야 한다. 즉, 목표를 자신의 것으로 움켜줄 힘과 끝까지 나의 것으로 만들 뚝심과 의지를 말하는 것이다. 꿈은 어쩌면 잡힐 듯 잡히지 않는 신기루와 같은 존재처럼 느껴질 때도 있다. 하지만 어려운 과정을 충분히 견디고 이겨냈다면 신기루가 아니라, 무엇과도 견줄 수조차 없는 빛나는 꿈을 안을 수 있다.

이런 과정은 성공을 위해 반드시 거쳐야 할 일이다. 성공을 향해 가는 과정에서 지도, 나침반, 닻이 되어줄 것은 바로 책이다. 책 속에 있는 무궁무진한 상상의 세계에서 나의 꿈을 상상하고 그려냈다. 그런 과정에 예측할 수 없었던 꿈을 마주하게 될 수도

책 읽는 아이로 키우는 엄마표 독서 코칭 ""

있다. 그 또한 걱정할 일이 아니다. 책 속에 있는 전 세계의 항해 일지가 꿈의 길로 무사히 안내해줄 테니 말이다. 그 항해가 끝이 날 때는 막연하게 그리던 꿈이 현실이 되어 긴 항해의 끝을 알리는 축포 소리가 더 넓은 바다에 울려 퍼질 것이다.

　독서는 결과를 이루어가는 과정이다. 과정이 튼튼하지 않다면, 작은 유혹과 실패에도 꿈과 희망이 무너져 내리는 것은 불을 보듯 뻔하다. 과정 중심의 독서가 단단한 닻이 되어 아이의 마음을 꽉 잡아줄 것이다. 아이가 이런 독서를 생활화한다면 자신을 객관화할 수 있을 뿐 아니라, 끊임없이 꿈을 창조하고 이루어갈 수 있게 된다. 물론 현실에 찾아오는 정신적, 물리적 어려움을 꿋꿋하게 이겨낼 각오는 해야 할 것이다.

　그리스로마 신화에 '먼저 생각하는 자'의 뜻을 가진 '프로메테우스'라는 신이 있다. 그는 고대 그리스 신화에서 올림포스의 신들보다 한 세대 앞서는 티탄족에 속하는 신이다. 그는 동생 '에피메테우스'와 함께 최초로 인간을 창조했다. 그러나 그는 제우스를 속이게 되었고, 제우스는 그 벌로 인간들에게서 불을 빼앗아버린다. 프로메테우스는 추위에 떠는 인간들을 위해 헤파이스토스의 대장간에서 불을 훔쳐 인간들에게 준다. 결국 그 일로 제우스는 프로메테우스를 코카서스의 바위산에 쇠사슬로 묶고, 매일 독수리에게 간을 쪼이는 벌을 내린다. 물론 프로메테우스는 불사신이기에 매일 간이 재생되었고, 오랫동안 고통을 되풀이해서 받아야 했다. 이 형벌은 헤라클레스가 그를 구해주기 전까지 무려 3만 년이나 계속되었다.

비록 신화 속 이야기일지라도 프로메테우스의 이야기처럼 자신이 옳다고 생각한 삶을 살기 위해서는 견디고 이겨내야 할 힘이 있어야 한다.

인공지능과 디지털의 발달로 독서교육의 방향도 다양한 모습으로 발전하고 있다. 기업들이 앞다투어 개발하고 있는 독서프로그램들이 홍수처럼 밀려오고 있다. 또한 독서가 교과목까지 되어 있으니, 이제는 그 옛날 학창 시절 취미란에 독서라고 적었던 시대는 끝이 났다고 볼 수 있다. 더 이상 취미로만 치부할 수 없을 만큼 중요과목이 되었다는 뜻이기도 하다. 이러니 학부모들의 마음은 더욱 조급해질 것은 불을 보듯 뻔하다.

우리 아이들은 끊임없이 점수로 평가받는 긴장감 속에 살고 있다. 늘 선행학습, 레벨업을 내세워 시험과 많은 양의 숙제 등으로 평가를 받는 것에 익숙하다. 국어, 영어, 수학을 선두로 과학, 역사 등 교과목뿐 아니라, 줄넘기, 악기 등도 학교에서 하는 활동이라 선행을 목적으로 하는 과목으로 합류할 기세다. 자신의 건강한 신체와 정신의 건강을 위함이 목표가 되는 것이 아니라, 학교생활을 앞서가기 위한 예습의 목적이 되어가고 있다는 것이다. 원하는 결과를 내기 위해 끊임없이 아이들은 담금질을 당하고 있는 느낌이 드는 것은 나의 지나친 기우일까?

독서의 결과를 아는 방법은 여러 가지가 있을 수 있으나, 가장

책 읽는 아이로 키우는 엄마표 독서 코칭 ""

일반적인 것은 글쓰기일 것이다. 독서와 관련한 학습성장만을 좋은 결과로 착각하는 일도 많다. 물론 어떤 일을 하던 좋은 결과를 내기 위해 노력하고, 그 대가로 자신의 삶을 다양한 형태로 윤택하게 만드는 것은 당연한 이치다.

나는 독서를 최상위 학문이라고 당당히 이야기할 수 있다. 많은 이들이 독서를 국어 과목 속에 포함해서 범위를 축소하는 경우가 많다. 단언컨대 그런 생각은 틀렸다. 독서는 글을 읽고, 상상하며 읽는 행위에서 시작되며, 궁극에는 자기화 과정으로 연결하고, 성장하는 위대한 일이다.

어떤 행위를 할 때는 목표설정이 중요하다. 내가 가고자 하는 곳은 어딘지, 무엇을 준비해야 하는지, 어떤 방법으로 도달할 것인지, 무엇보다 왜 해야만 하는지 등을 명확하게 정의해야 한다. 집을 지을 때 설계도가 없다면, 그 집은 완공은커녕 첫 삽도 뜰 수 없게 된다는 것은 누구나 알고 있는 사실이다.

우리나라는 1910년부터 1945년까지 일제강점기를 보낸 역사가 있다. 일본제국은 우리나라를 통치하는 동안 3차에 걸쳐 통치 방법을 바꾼다. 1차는 무단통치, 2차는 문화통치, 3차는 민족말살이다. 1차 무단통치라는 명칭에서 알 수 있듯이 강압적인 방법으로 우리 민족의 고유한 의식을 억누르고 지배하고자 했다. 이 시기에 헌법경찰제, 토지조사사업, 언론, 결사, 표현의 자유를 억압했다. 그중에서도 서당과 사립학교를 모조리 없애는 우민화정책은 한국인들의 배움의 통로를 없애는 일, 우리 글을 없애는 일로 이것의 의미를 잊어서는 안 된다.

글에는 얼, 즉 정신이 담겨 있지 않은가. 글은 앎에 대한 지식을 전달하는 전달자의 기능을 넘어, 깨달음에 닿게 한다. 세상 이치를 알고, 자신이 그곳에 존재하는 의미와 나아가야 할 방향을 깨닫게 되는 것, 즉 자신이 원하는 진정한 삶을 살아갈 수 있게 해주는 힘! 그것이 바로 글이고, 그 글로 채워진 것이 책이다. 시험을 잘 치르고 원하는 대학에 가고, 멋진 직업을 가지게 하는 것도 책이다. 그러나 그렇게만 책이 주는 힘을 평가절하할 수는 없는 노릇이다.

독서는 아이가 어른으로 성장하는 과정에서 핵심적인 역할을 담당하고 있다. 책을 읽는 과정은 결코 만만하고 쉬운 일이 아니다. 저자의 얼이 담긴 책을 자기의 것으로 받아들이고, 자기의 삶에 적용하는 것을 생각해보자. 그러는 과정에서 자신과 타인을 이해하게 되며, 읽는 행위 자체를 이겨내는 끈기와 집념을 연습하게 된다.

우리는 독서 중에 책 속 인물, 작가들을 모든 시공간을 초월해서 만난다. 이런 기회를 누가 줄 수 있으며, 얼마나 전달할 수 있다는 말인가? 독서는 아이의 삶을 채워가는 과정이다. 그 과정에 집중하고, 즐기다 보면 원하는 결과는 아이의 삶에 둥지를 틀게 될 것이다.

06

강박관념에
사로잡힌 독서

강박관념이란 아무리 애를 써도 마음속에서 떨쳐버릴 수 없는 억눌린 생각을 말한다. '아무리 애를 써도'라는 말에 가슴이 먹먹해진다. 세상을 살다 보면 사람이 스스로 할 수 없는 일, 불가항력의 일이 얼마나 많은가? 자신이 처한 환경, 여건, 능력, 사회 분위기 등 많은 이유로 어쩔 수 없는 상황을 마주하고, 포기하고 살 일이 많지 않던가. 그런데 자신이 주인인 자기의 마음과 생각에 사로잡혀, 자신의 통제권을 잃어버린다면 얼마나 당황스럽고 힘든 일일지 짐작할 수도 없는 일이다.

우리나라에는 강박관념과 함께 강박행동을 하는 정신장애를 가진 사람의 수는 인구 50명 중 1명으로 약 100만 명 정도로 추산된다. 강박은 강박관념으로 생긴 불안을 없애기 위해 하는 행동인데, 부정적인 생각이 그림자처럼 곁에 함께한다. 가벼운 강박증은 10명 중 9명이 있다고 할 정도로 누구나 조금씩은 가지고 있는 흔한 증상이기도 하다. 불안을 없애기 위해 반복적인 생각과 행동을 하는 경우다. 가장 흔한 증상은 손톱 물어뜯기고, 모든 물건을 저장하기도 하며, 손을 지나치게 씻거나, 문이나 가스레인지를 계속 확인하거나, 지나친 계획 중심, 숫자를 세거나 기도하는 등의 행동이다. 이렇게 나열하다 보니, 누구나 조금씩은 가지고 있다는 생각이 드는 사람이 많을 것이다.

"선생님, 우리 철수 교과 필독서 미리 읽혀야 할 것 같아, 책을 사 봤어요. 선생님께서 보시기에는 어때요? 수준에 맞는지 의견 부탁드려요!"

밤 11시가 훌쩍 넘은 시간에 초등학교 2학년 철수 엄마에게서 온 문자메시지다. 이렇게 늦은 시간에 급하게 문자메시지를 한 이유가 있을 거라는 생각을 하며 사진을 크게 확대해봤다. 비문학 도서로 사회, 과학책이 제목을 뽐내기라도 하듯 꼿꼿하게 책꽂이에 자리하고 있었다. 학년 추천 도서를 누구보다 발 빠르게 구비해놓은 상황으로 짐작된 순간, 독서전문가인 나에게 인정받고 싶어 하는 철수 엄마의 마음이 문자메시지를 통해 고스란히 전해오는 것이 아닌가!

'아이코, 이럴 어쩌지!'
'뭐라고 말을 해야 오해가 생기지 않을까?'

책 읽는 아이로 키우는 엄마표 독서 코칭 ""

짧은 시간이지만 많은 생각이 뇌리를 스쳐 지나갔다. 내일 아침을 기다리지 못하고, 이 늦은 밤에 보내온 책 사진을 보니 난감하고 당황스러웠다. 그야말로 이른바 요즘 쓰는 신 사자성어 '대략난감'이다.

보편적 기준으로 도서 수준을 판단했을 때, 초등학교 5학년 정도는 되어야 이해할 것 같았다. 칭찬과 격려 문자를 기다리는 철수 엄마께 조심스럽게 답글을 보냈다.

"철수 어머니, 교과 추천 도서라 준비하신 건지요?"
돌아오는 답이 예상대로다.
"철수 어머니, 수고 많으셨어요. 제 의견을 보태본다면, 철수가 준비한 책을 공감하고 이해하며 읽어내기에는 조금 무리가 있어 보입니다."

나는 조심스레 의견을 전달하고, 몇 가지 당부와 방법을 보태어 상담을 진행했다. 아이가 책 제목으로 내용을 상상하게 하고, 훑어보고, 다음에 차례별로 천천히 읽혀보라고 했다. 또한 제일 중요한 것은 아직은 어리니 즐겁고 재미있는 독서 습관을 키우는 것을 우선해야 한다는 말을 강조했다. 그러기 위해서는 개인의 역량에 비해 지나치게 어려운 책은 독서 흥미를 떨어뜨릴 수 있다는 말도 덧붙였다.

철수 엄마처럼 이 시대의 엄마들은 몸과 마음이 늘 바쁘다. 온종일 SNS를 하며, 끊임없이 확인하고 신경을 곤두세운다. 그러다 약간의 여유 있는 시간이 생기면 여지없이 유튜브를 시청한다. 그것도 15분이 넘는 내용은 걸러지기 일쑤다. 그러면서 뇌가 끊임없이 일하게 하고 있다. 이런 증상들이 강박증으로 보이는 것은 억지일까?

이런 일은 어른 본인들만의 문제로 끝나지 않는다. 아이에게 그대로 이어져, 엄마들은 빽빽한 생활계획표를 짜 아이가 기계처럼 움직이게 하는 기획자가 되기도 한다. 어떤 엄마들은 아이의 독서도 생활계획표처럼 진행되기를 원하기도 한다. 심지어 아이가 집에서 잠깐 쉬는 시간조차도 아이가 아무것도 하지 않는 것이 도저히 용납이 안 되어 불안감에 휩싸이는 엄마들도 있다.

우리나라 학부모들은 교육정보를 수집하기 위해 많은 시간을 할애한다. 지역마다 엄마들의 정보공유를 위해 만들어진 온라인 커뮤니티 공간인 맘카페를 보면, 가히 최첨단 정보가 넘치는 대한민국에 살고 있다는 것을 새삼 느끼게 되니 말이다. 가끔 어떤 첩보전보다 더 방대한 엄마들의 정보력, 파급력, 전파력, 영향력이 있지 않을까, 하는 생각이 든다. 아이를 키우는 학부모들은 자신이 선택한 교육방식을 지나치게 확신하거나 또 심한 불신으로 주변을 하염없이 탐색 작전을 펼치기도 한다. 그 결과 몇 달이 멀다 하고, 학원을 옮겨 다니는 학원 유목민이 되기를 자처한다.

책 읽는 아이로 키우는 엄마표 독서 코칭 "

독서 방법도 마찬가지다. 아이가 책에 빠져들 시간을 확보해 주지 않은 채, 학원 숙제를 해치우듯이 책을 들이민다. 아이가 잠시라도 멍하게 있는 모습을 보면, 엄마는 자신에게 엄습해 오는 불안감으로 아이를 궁지로 내몰기 시작한다. 이것 또한 엄마의 관습, 습관, 규칙이라는 가면을 쓴 강박증을 의심할 수밖에 없다.

지금은 정보의 홍수 시대, 아니 쓰나미 시대다. 과거보다 많아진 정보 알림 카카오톡 메시지도 앱에 빼곡하다. 학교 알림장, 학원 알림 톡, 레벨 톡, 선생님 개인 톡, 모임 톡 등 하루를 보내며 필요 없는 감정이나 정보를 비워낼 시간 없이 새롭게 채워진다.

엄마들의 독서 강박증세는 여러 갈래의 통로를 통해 들어오는 정보들로 인해 발생한다. 앞으로 교육정책이 이러이러하게 바뀌니 책은 중요하다든지, 옆집 친구 아이가 그런 책을 읽고 있다느니, 어느 교육설명회를 가니 책이 중요하다더라 등 이유는 무궁무진하다. 또 최근에는 유튜브 성공자들의 비법에서 독서가 빠지지 않는다. 이런 상황을 보면 책에 대한 체계적인 신념이나 확신이 없는 엄마들은 어느 때보다 마음이 바빠지고, 머리가 쉼 없이 그 방향을 향해 돌진하게 된다.

평정심을 가지자. '첫술에 배부르랴'라는 옛 속담이 있지 않은가! 특히 독서로 효과를 내는 것은 더 그러할 것이다. 책 읽는 습관을 만들고, 상상하며 책에 빠지는 일이 하루아침에 이루어지는가? 독서력이 키워진 후, 비로소 사고의 확장이 시작되며 문해력, 논리적으로 말하기, 글쓰기라는 아웃풋으로 발휘되는 것이 인지상정이다. 이 과정을 묵묵히 기다려주고, 아이가 오롯이 제 것으로 받아들이는 시간을 주도록 해보자.

성공자들의 강의를 보면 독서법에 대한 조언이 쏟아진다. 아이의 독서교육을 할 때 내가 절대적으로 중요하게 생각하는 기준은 어떤 일이 있더라도 누가 독서의 중심에 있어야 하는지를 명확하게 생각해야 한다는 것이다. 독서 주체자인 아이의 정서적, 독서력 등을 고려한 눈높이에서 독서가 시작되어야 한다는 것을 절대 잊어서는 안 된다. 아이의 지금 시간이 모여 아이가 전 생애를 살아가는 힘을 얻는 것임을 기억하자.

아이의 미래를 엄마들의 불안함으로 시작해서는 안 된다. 엄마는 아이의 세상을 열어주는 창이자 하늘이다. 엄마는 아이의 행복한 삶을 위해 깊이 있게 공부하고, 아이가 책으로 성장할 수 있도록 정직한 길을 안내하는 안내자가 되어야 한다. 그러면 책은 아이를 행복한 성공자의 삶으로 이끄는 바른길이 되어줄 것이다.

07

엄마의 선을 넘는 욕심을 버려라

며칠 전 6학년 여학생의 글쓰기를 살펴볼 때의 일이다. 책을 읽고 느낀 점이나 자신의 각오를 적어놓은 글에서 눈을 뗄 수가 없었다. 그리고 머릿속에 이 아이에게 어떻게 질문을 하면 오해 없이 이 아이의 이야기를 들을 수 있을까, 궁리하며 생각이 깊어졌다. 나의 걱정과 사뿐사뿐 얼음 위를 걷듯이 조심스러운 마음으로 했던 질문이 한순간 무색해졌다. 아이는 한치의 머뭇거림도 없이 해맑은 표정으로 대답해주는 것이 아닌가. 글의 내용은 이러했다.

아이가 읽은 책은 동화 《이모의 꿈꾸는 집》으로 주인공 진진이는 모범생 여자아이고, 누구보다 공부를 열심히 하고, 성실하다. 이 아이의 꿈은 공부를 잘해 일류대학에 진학하는 것인데 엄마의 꿈도 진진이와 같다. 어느 날 학습 능력을 키울 수 있을 것이라는 생각에 이모의 집이라는 곳에서 진행하는 독서캠프에 참여하게 된다. 캠프 기간 내내 어릴 적 읽었던 책 속의 친구들, 기억 속에 꽁꽁 묻어 두었던 오랜 친구들을 만나는 경험으로 인해 진정한 자신의 꿈을 깨닫고, 결심하며 행동을 시작한다는 이야기다.

이 책은 엉뚱하고 기발한 전개로, 책을 읽는 내내 많은 상상의 세계로 끊임없이 빠져들게 한다. 마치 마법과도 같았다. 독자로서 나만 겪는 일이 아니라, 주인공인 진진이에게도 나와 같은 일이 벌어진다. 아니 순서가 바뀐 거 같기도 하다. 주인공이 그렇게 느끼기에 독자인 나도 그렇게 공감하며 감정선을 놓치지 않고, 함께 했다는 것이 순서상 맞는 이야기다.

아이가 쓴 독서감상문에는 너무나 당당한 필체로 자신의 꿈을 엄마의 꿈과 일치시키지 않겠노라는 다짐이 새겨져 있지 않은가? 사춘기 소녀임에도 평소에 엄마의 말을 최대한 따르기 위해 노력하는 아이다. 이런 아이가 쓴 글을 보면서 한참 동안 이야기를 나누었고, 책을 읽고 자아를 찾아가고 있는 아이에게 무한 응원의 말과 함께 엄지 척을 힘차게 해주었다.

《이모의 꿈꾸는 집》이 비단 책 속에서만 일어나는 이야기가 아님을 우리는 다 알고 있다. 이른바 일류대학 입학률이 높은 고등학교를 중심으로 주변 동네는 좋은 학군 지역으로 인정받지 않는가? 또 주변의 집값, 땅값을 올리고 곧 부자 동네로 그들만의 리그가 형성되기 시작한다.

이제는 잠시 멈추고, 아이와 눈을 마주하고 대화를 해야 할 때다. 아이의 꿈이 진정 누구의 꿈인지 두 손 모아 간절한 마음으로 자신을 복기해봐야 한다. 엄마가 아이의 꿈까지 강요하는 것은 그야말로 아이를 핑계로 한 선 넘기가 아닌지 돌아보자.

엄마는 아이와 함께 시간을 보내고, 놀이를 즐기며, 아이가 가진 관심과 재능이 무엇인지 살피되 응원과 도움을 주는 역할을 하면 된다. 아이의 끝을 마음대로 정해놓고, 시시콜콜 일정을 관리하고, 엄마가 원하는 삶을 아이가 원하는 삶이라고 착각해서는 안 된다는 말이다.

엄마는 아이를 키울 때 자신의 욕심을 내려놓는 것부터 해야 한다. 사람은 누구나 욕망이 있고, 그 욕망이 삶의 목표가 되어 꿈을 이루기도 한다. 하지만 그 목표는 타인이 직접적으로 개입해서는 안 된다. 목표와 꿈을 만드는데 영감을 주거나 동기부여를 통해 명확함을 주는 데 도움을 줄 수는 있다. 하지만 자신의 꿈은 누구나 자기 자신이 정해야 한다는 것이다. 누가 만들어주는 꿈, 누구의 욕구를 채워주기 위한 꿈은 절대로 해서는 안 되는 일이다. 그런 존재가 아무리 부모라 하더라도 개인의 삶은 오로지 각자의 몫이지, 누구의 삶을 대신하는 것이 아님을 깨달아야 한다.

그런 의미를 담아 엄마는 기본적으로 몇 가지의 말과 행동을 갖추어야 할 것이 있다. 우선 아이에 대한 무한 신뢰와 사랑이다. 이것을 잘 실천한 위대한 엄마들이 역사 속에 남아있다. 천재 물리학자 '아인슈타인'은 4세가 되도록 말을 제대로 하지 못했다. 그뿐만 아니라 학교에서도 수학을 제외한 나머지 과목은 낙제를 면하지 못했다고 한다. 그러니 그를 바라보는 주변의 시선과 평가는 어떠했을지 불 보듯 뻔하다. 하지만 그의 엄마는 아인슈타인에게 하루에 몇 번씩 용기와 희망을 주는 이런 말을 해주었다.

"너는 세상의 다른 아이에게는 없는 훌륭한 장점이 있단다. 그래서 이 세상에는 너만이 감당할 수 있는 일이 너를 기다리고 있단다. 그 길을 찾아가야 한다. 너는 틀림없이 훌륭한 사람이 될 거야(《리더로 키운 유대인 부모의 말 한마디》, 문미화)."

엄마로부터 이런 말을 듣고 자란 아인슈타인의 자존감은 가히 상상을 초월할 것이라 예상할 수 있다. 그런 일이 그를 세계적인 과학자로 발돋움할 수 있게 한 발판이 되었음을 알 수 있다.

사랑하는 자녀는 나를 대신하는 사람이 아님을 인지하자. 자신이 살아왔던 몇십 년 전의 과거를 정답으로 착각도 하지 말자! 아이는 부모를 대신하는 아바타가 아니다. 온전히 자신의 재능과 꿈이 있는 생명력이 넘치는 존재다. 이 생명력은 자신 자체로 인정받고, 사랑하는 사람으로부터 지지를 얻을 때 더 커질 수 있고, 발휘할 수 있다. 즉, 엄마가 아이에게 던지는 칭찬, 인정, 사랑의 속삭임은 새싹인 아이에게 태양 빛과 같은 에너지원이 되어줄 것이다.

다음에는 엄마는 여유를 가지고 아이를 기다릴 줄 알아야 한다. 고사성어에 '대기만성'이라는 말이 있다. 이 말은 노자의 《도덕경》에 나오는 말로 '큰 그릇은 늦게 이루어진다'라는 뜻을 지니고 있다. 비록 지금 상황은 힘들고 보잘것없이 느껴지더라도 포기하

책 읽는 아이로 키우는 엄마표 독서 코칭 ""

지 않고, 최선을 다하면 반드시 크게 성공한다는 격언의 말이다.

초등학교 시절부터 가장 존경하는 인물은 아버지, 엄마였다. 누가 물어보면 1초의 주저함 없이 자랑스럽게 대답하곤 했다. 그렇게 자신만만했던 이유가 있었다. 두 분 다 워낙 성실하셨고, 선한 인품을 지니고 계신 점을 존경했다. 그런데 조금만 따져 들어가 보면 두 분 중 엄마를 조금 더 존경했음을 고백한다. 올해, 만 87세이신 엄마는 그야말로 어르신이다.

우리 말에는 정신을 뜻하는 '얼'이 많이 들어간다. 얼굴, 어린이, 어른, 어르신 등이 다 얼과 관련된 말이다. 얼굴은 정신이 들락날락한다는 뜻, 어린이는 '물기가 어리다'라는 말을 쓰듯이 얼이 어리기 시작한 단계다. 또 어른은 얼이 큰 사람, 어르신은 얼이 커지고 커져 신이 된다는 말을 뜻한다.

이에 견주더라도 엄마는 진정한 어르신의 성품을 지녔음이 틀림없다. 나는 평생을 살며 엄마께서 자신의 이기심을 위해 역정을 내는 모습을 한 번도 본 적이 없다. 우리를 키우실 때도 늘 따뜻한 손으로 토닥여주셨다.

"선한 끝은 있다."

엄마께서 간혹 자식들에게 던져 주시는 가르침이다. 사춘기 방황에 고통받는 자식, 경제적 어려움으로 좌절하는 자식에게도 세상을 원망하거나 남 탓을 하기보다는 늘 저 말씀으로 기다림에 대한 철학을 말씀하신다. 엄마는 늘 자신이 정규 교육과정이 짧다고 자신 없어 하신다. 그런 엄마께 이런 말씀을 드렸다.

"엄마는 많이 배운 여느 박사님보다 더 지혜롭고 똑똑하시다."

나는 가슴속 깊이 이 말에 공감한다. 엄마는 자신의 배움이 짧아서 당신의 꿈을 대신하려고 정성을 다해 자식을 가르치신 것이 아니다. 배움의 고귀한 가치를 아시기에 그것을 실천하셨고, 모든 자식을 묵묵히 기다려주셨다. 공부해라, 숙제해라, 남편감은……! 이런 말씀은 하지 않으셨다. 단 한 번도! 하지만 우리는 그 마음을 안다. 우리의 인격을 한없이 존중해 주신 행동이셨음을 알기에 엄마를 가장 사랑하고, 부모로서, 참 스승으로서 존경한다.

엄마는 아이의 하늘이다. 우리는 얼이 큰 사람인 어른, 얼이 더 커 신과 같은 사람이 되어야 할 것이다. 어른다움을 지닌 엄마는 자신의 꿈은 힘이 들더라도 최선을 다해 자신의 노력으로 이루는 사람이다. 절대 늦지 않았다. 반드시 이룰 수 있다는 확신으로 도전해보길 권한다.

엄마는 자식을 하나의 인격으로 인정하고, 욕심의 선을 넘어서는 안 된다. 엄마는 아이를 믿고 기다려줄 때 비로소 진짜 엄마다. 그러면 아이의 사랑도 부메랑이 되어 엄마에 대한 존경심까지 덧붙여 엄마에게로 되돌아올 것이다.

책 읽는 아이로 키우는 엄마표 독서 코칭

 코치노트

| 제1장 | 우리 아이는 왜 책을 좋아하지 않을까? |

아이의 내면 둘러보기

· 지금 내 아이의 마음을 알아보자. 내 아이와 한 발짝 떨어져 아이를 바라보도록 하자.

· 엄마가 아이에 대한 주관적인 생각이 아니라, 객관적인 자세로 아이의 마음을 천천히 적어 보자. 이 활동으로 엄마는 아이를 하나의 인격체를 갖춘 존재로 인식하는 기회가 될 수 있다.

순번	아이 이름	나이	아이가 좋아하는 것 5개 적기	아이가 싫어하는 것 5개 적기	아이의 장점과 단점은?	내 아이의 꿈은 무엇인가?

자녀 육아에는
책 읽기만 한 것이
없다

독서는 엄마에게
희망을 준다

'생명이 있는 한 희망은 있다.'

최초의 근대소설로 꼽히는 풍자소설 《돈키호테》를 쓴 작가, 세르반테스(Cervantes)의 희망 명언이다. 어린 시절부터 불우한 삶을 살았던 세르반테스의 삶을 생각해보니 그의 희망 명언은 어느 명언보다 큰 울림이 있다.

'독서 코칭은 나를 살게 하는 희망이다.'

내가 스스로 던진 희망의 정의다. 누구나 희망에 대한 정의를 하나쯤은 품고 살아가고 있을 것이다. 막상 표현하지 않았을 뿐이지 가만히 자신의 삶을 돌이켜보면, 분명 자신에게 던진 희망의 메시지를 찾을 수 있다. 자신이 살아온 시간이 내 삶의 배경이 되고, 사건들이 모여 명확한 주제가 있는 한편의 문학이 탄생하는 것이다. 단, 힘들고 어려웠던 고통의 시간을 포기하지 않고, 꿋꿋하게 걸어온 사람이라는 전제가 있을 때 누구나 감동을 가진 사람이 된다.

스스로 말해왔던 희망의 정의를 아이를 가진 엄마들과 나누고 싶다. 물론 책을 본 엄마들이 모두 내 경험에 공감할 것이라는 오만한 생각은 하지 않는다. 그러나 단 몇 명의 엄마들에게 당장 힘이 될 수도 있고, 먼 시간 뒤에 내 삶의 이야기를 기억해 다시 힘차게 살아갈 수 있는 작은 실마리가 될 수도 있다는 확신이 있다.

독서지도사(독서코치)는 나의 운명이자, 나를 살린 직업이다. 세상에는 다양한 분야에서 성공한 사람이 정말 많이 있다. 그들의 공통점은 대개가 호기심이 많고, 끈기가 있으며 지독한 독서를 하는 사람이라는 점이다. 나는 독서를 하는 사람을 말하는 것이 아니다.

독서지도사는 책을 읽고, 읽은 책을 통해 지식과 지혜를 알게 되고, 알게 된 점을 나눔으로써 진정한 깨달음에 다다른다. 나눈다는 것은 내가 타인에게 베푸는 행위에만 해당하는 것이 아니다. 나누기 위해 준비하고, 준비한 것을 가르치다 보면 보이지 않던 새로운 앎이 진짜 내 것으로 마음 깊숙이 자리한다. 내 삶의 신념과 꿈이 되어 시간이 지날수록 더 공고히 다져지는 놀라운 일이 일어난다. 고통과 고난 속에 희망의 꽃으로 내 삶을 더

　책 읽는 아이로 키우는 엄마표 독서 코칭

향기롭고 빛나게 된다.

　나는 쌍둥이 아이들을 행복하게 키우기 위해 독서지도사가 되었다. 한편으로는 어릴 때부터 지닌 솔선수범하는 선생님이라는 꿈이 있었기에 가능한 선택이었을 것이다. 독서지도사가 되기 위해 책을 읽고, 밤새워 과제에 열중한 시간이 꿈결같이 느껴졌다. 아이를 잘 키우기 위해 시작한 일이지만, 책으로 나를 성장시키는 일은 정말 흥미롭고 뿌듯한 감동이었다. 또 주입식 교육이 아니라, 우리 아이들과 제자들에게도 자신의 꿈에 집중한 미래를 선물할 수 있다는 생각에 매일 일상이 행복했다.
　그 시절, 나와 남편의 주변에는 육아의 도움을 줄 수 있는 사람이 없었다. 아이들을 키우는 것이 세상 어떤 일보다 행복했으나, 현실적으로 육체의 고통은 어쩔 수 없는 일이었다. 그러나 시간이 모든 것을 해결하지 않던가! 아이들은 아프기도 하고, 넘어져 다치기도 하며 쑥쑥 건강하게 자라났다. 참으로 생명을 키운다는 것, 신비롭고 행복한 경험이 아닐 수 없다.
　아이들은 잘 자란다. 엄마 독서지도사가 되어 아이들을 독서 코칭을 하기 시작한 것은 탁월한 선택이었다. 늘 책을 중간에 두고 아이들과 마주하고, 함께 웃고, 울먹이기도 하며 나도 아이들과 함께 성장하는 시간이었다. 지금도 잠을 쫓으며, 엄마의 책 읽어주는 소리에 귀 기울이던 아이들이 모습이 떠오르면 그 시간으로 돌아가 있는 듯한 행복감이 밀려온다.

아이들의 올바른 훈육을 위해 시작한 독서지도사라는 직업이 고통 속에서 위안이 되었다. 아이들이 초등학교에 입학한 해, 남편은 직장생활을 접고 작은 사업을 시작했다. 사업은 난항을 겪었고, 그런 가운데 집, 차 등 모든 것을 다 잃을 정도로 힘든 날이 찾아왔다. 우리 부부는 어린 날부터 가난에 익숙해 있던 터였지만, 아이들에게 전가해야 할 고통을 생각하면 이루 표현할 수 없는 자괴감으로 하루를 버티기조차 쉽지 않은 날이 많았다.

우리 부부는 내가 20세가 되던 해 4월 만우절 날부터 인연이 시작되었다. 만우절에 만났지만, 진실한 인연을 이어갈 수 있다는 다짐하며 오랜 연애를 했고, 결혼에 이르렀다. 주변의 어떤 도움도 없이 알뜰하고 성실한 삶을 살아 집을 장만했으며, 아이들을 낳고 축복이 넘치는 삶을 의심하지 않았다. 그러나 인생은 알 수 없다. 결혼식 비용까지도 아끼고자 무료로 결혼식을 할 수 있는 향교에서 전통 혼례를 하며, 미래를 위해 차곡차곡 준비하며 살아왔다. 그런데 한 번의 사업 실패로 겪어야 하는 경제적인 고통은 너무나 큰 고통으로 이어졌다. 마치 끝이 없는 블랙홀로 하염없이 빨려 들어가는 것 같았다.

가장 힘든 것은 아이들이 부모로 인해 겪어야 하는 불안한 생활이었다. 지방에서 지방으로, 처음 보는 학교에서 친구들을 사귈 시간도 없이 떠도는 집시처럼 살아야 했다. 지금도 관공서에서 과거 주소지가 나오는 서류를 보면, 그때의 아픔과 고통이 가슴속을 헤집고 들어오는 착각을 하게 된다.

책 읽는 아이로 키우는 엄마표 독서 코칭 **"**

"엄마, 난 원래 다른 사람들도 우리처럼 이사를 많이 하는 줄 알았어요."

얼마 전 과묵하고 생각이 깊은 첫째 아들이 한 말이다. 지금에 야 웃으며 주고받는 대화지만, 참으로 힘든 시간이 파노라마처 럼 살갗을 스치듯 지나가면 마음이 쓰라리다.

나는 엄마니까 자신을 최고의 오뚝이 근성을 가진 사람으로 키워야 했다. 절대 어떤 일이 있어도 무너지면 안 되는 사람이 이 세상에 엄마들이 아니겠는가? 특히 나는 책을 이야기하며, 사람들에게 희망과 열정을 함께 나누는 직업을 가진 독서지도 사가 아닌가!

여태껏 책으로 나를 단련시키고, 다른 사람들의 꿈과 희망을 응원해온 독서지도사다. 단언하건대 책이 내 삶의 존귀함을 깨 닫게 했다. 아이들의 급식비를 벌기 위해 주중에는 독서지도사 를 하고, 주말에는 식당에서 소독물에 손을 담그고, 허리를 굽 혀 종일 설거지를 해도 부끄럽거나 슬프지 않았다. 힘든 환경에 서 독서지도사로서 발전을 위한 배움을 위해 하루 한 끼 컵라 면을 먹어도 비참하지 않았다. 그리고 고귀한 직업이 있다는 자 신감으로 가난을 극복할 수 있었다. 어디에서 어떤 상황에도 독 서지도사라는 든든한 방패가 있으니, 언제나 당당하고 자신감 을 가질 수 있었다.

그 이유는 책을 통한 경험으로 알고 있기 때문이다. 책으로 키운 우리 아이들이 가난 속에서도, 가난을 불평하기보다는 자신들의 꿈을 당당하게 만들었다. 무엇보다 부모를 원망하기보다는 7세 때부터 26세가 된 지금까지도 엄마, 아빠의 생일이면 이벤트를 준비한다. 적은 용돈을 모아 케이크를 준비하고, 앞으로 더 멋진 선물을 기대하시라는 편지와 함께 이 세상에서 가장 따뜻한 불빛을 켜주었다. 철이 들고 힘이 생길 때부터는 무거운 시장바구니를 다 들어주고, 생일 전날부터는 따뜻한 생일상을 차려주려고 분주하다. 그것도 비밀이라고 절대 냉장고 문을 열지 말라고 당부까지 한다. 군 복무 중에도 잊지 않고, 따뜻한 말을 건네거나 휴가를 꼭 함께했다.

이 모든 게 내가 엄마 독서지도사로서 아이와 서로의 미래를 그리며, 꿈을 이야기했기 때문이라고 생각한다. 나는 만나는 엄마들에게 지금 당장 엄마표 독서지도사가 되라고 이야기한다. 어떤 미래가 찾아오더라도 당당하게 사회생활을 할 수 있는 뿌리가 되어줄 수 있기 때문이다.

책 속에는 온갖 아이디어가 있어, 어떤 일에도 자신을 특별하게 성장시킬 수 있는 비법이 되어줄 것이 확실하다. 무엇보다 엄마가 흔들리지 않으려면 책을 중심에 두고, 아이를 교육해야 한다. 그러면 엄마도 아이도 세상의 바람에 흔들리지 않는 희망으로 가득 찬 단단한 사람이 될 수 있을 것이다.

02 책은 우리 아이에게
깨달음을 주는 존재다

깨달음은 무엇인가를 깊이 생각하다 알게 되는 것을 뜻한다. 학문, 지식, 지혜 등 다양한 곳을 통해 깨달음이 일어난다. 불교에서는 개인의 주관적 관념으로 생긴 번뇌를 벗어내는 것을 깨달음이라 칭한다.

알지 못하는 것, 무지와 자가당착의 늪에 빠져 허우적거리는 자신을 인식할 수 있어야 할 것이다. 마치 우물 안 개구리처럼 자신의 좁은 식견으로 바라본 세상이 이 세상 원리라고 믿는 경우, 자신의 삶을 내동댕이치고 있는 것과 다를 바가 없는 셈이다.

나는 14여 년간 아이들과 매월 주제별 체험활동을 진행하고 있다. 체험활동 주제는 사회, 문화, 과학, 예술, 역사, 문학, 진로 등이다. 체험활동을 시작하게 된 이유는 확실하다. 책이 중심이 된 수업을 하며, 아이들에게 체험을 통한 감각을 깨우고 싶다는 결심을 했다. 이유는 책을 보며 종이 위에 평면적으로 새겨져 있는 이야기를 아이들의 상상 세계로 불러와 입체적으로 살아 움직이게 하고 싶었다. 즉, 체화활동으로 자신을 깨닫게 되는 것, 그것이 바로 메타인지다.

나의 교육목표는 명확했다. 아이들이 체험을 나가기 전 책을 보며 다음에 체험 현장에서 만날 인연들과 라포를 형성한다. 그리고 현장에서는 미리 책에서 만났던 숨결이 느껴지는 친구들과 만나는 기쁨을 누릴 수 있다. 그 순간 아이들은 보고, 듣고, 말하고, 시간의 향기를 맡으며 고유한 가치를 느낀다. 바로 그때 아이들은 자신의 본질에 집중하게 되며, 자연스레 오감을 동원해 더 큰 깨우침을 경험하는 경이로운 일이 생긴다.

요즘 아이를 둔 부모들은 아이를 위해 충분한 노력하고 있다고 자신을 변호할 것이다. 주말에 열심히 캠핑을 다니는 등 아이를 위해 살고 있다고! 물론 아이를 위해 주말의 달콤한 쉼이나 취미생활을 포기한 부모들의 선택에는 존경심을 표한다. 단지 안타까운 것은 주말 활동 전에 관련 책을 미리 읽지 않는다는 것이다. 많은 시간이 필요한 것이 아니라, 아주 조금의 시간이면 충분한데도 말이다. 세상 성공이 그러하듯, 내가 가야 할 방향을 알고 가는 사람과 그렇지 않은 사람의 결과는 차이가 날 수밖에 없지 않겠는가.

"자세히 보아야 예쁘다. 오래 보아야 사랑스럽다. 너도 그렇다."

나태주 시인의 시 〈풀꽃〉의 한 구절이다. 시인이 말하고자 하는 것은 아름다운 시어로 현대 사회의 피상적인 인간관계에 대한 꾸짖음인 듯하다. 무엇이든 겉만 보고 판단해서는 안 되며, 내면에 감춰져 있는 본질을 보아야 한다는 것을 세상과 사람들에게 외치고 있는 듯하다. 그 외침의 수고로움으로 깊이 있는 깨달음을 얻기를 바라며……!

'세상은 아는 만큼 보인다.' 나는 이 말을 참으로 좋아하고, 제자나 학부모와 상담 시 자주 쓰기도 한다. 안다는 것은 본질의 엑기스만 뽑아 핵심을 쏙쏙 골라 익히는 것을 말하는 것이 아니다. 진짜 안다는 것은 자기의 호기심을 발현해서 문제와 궁금증을 해결하고자 다양한 방법으로 해답을 찾아 자기의 언어로 정의를 내릴 수 있어야 한다. 그것이 자기의 지식이 되고, 지혜가 된다.

세상을 어떻게 알 것인지 생각해보면, 하나의 해답으로 귀결된다. 그것은 바로 책이다. 책 속에는 온갖 세상이 다 들어 있으니 이보다 더 효율적인 지식창고가 있을 리 만무하다. 그야말로 책은 어떠한 상황에 있든, 가난하든 부자든 절대 차별하지 않고, 자신이 가진 모든 것을 내어주는 존재다.

깨달음을 줄 수 책들은 무궁무진하다. 그림책부터 위인전, 자기계발서까지 다양한 종류와 내용으로 가득 차 있다. 자아 존중, 도덕, 인성, 꿈, 실현, 회복, 도전, 우정, 효, 관계 등 우리가 깨달아야 할 일이 많다. 장담컨대 우리가 무엇을 원하고 상상하든,

세상의 책에는 이미 다 갖춰져 있다. 엄마가 해야 할 행동은 책을 읽는 목적을 분명하게 세우는 것부터다. 이 책에서 엄마들에게 책을 추천하는 것은 하지 않을 것이다. 조금만 관심을 가져 보면 책을 추천하는 도서들이 온갖 종류별로 다 갖춰져 있다고 해도 과언이 아니다. 이 책은 철저하게 엄마가 아이의 독서 코칭이 되는 결심과 실천을 하게 할 목적이 있다. 그것이 앞으로 우리 미래 사회를 살리는 일이라 확신하기 때문이다.

먼저, 엄마들이 직접 아이의 독서코치가 되겠다는 다짐을 위해 자신에게 용기를 주어야 한다. 그러기 위해서는 엄마부터 자신을 최고의 엄마로 인정해야 한다. 자신이 원하는 삶이 무엇인지 인지하고, 받아들여야 한다. 엄마는 아이를 출산한 후, 몸과 마음의 변화를 겪으며 자신감이 떨어지기도 한다. 이때 주변에 아는 이웃이나 지인들이 해주는 조언을 가려서 들어야 할 것이다. 내 아이를 바르게 키울 수 있는 사람은 사랑의 무기를 장착한 엄마가 최고라는 것을 인식하는 것이 중요하다.

엄마가 결심한 다음에는 배우고 익히는 시간이 필요하다. 엄마가 아이의 육아를 위한 생활을 할 때 몸과 마음이 지친다. 그러나 행복한 아이의 미래를 열어줄 사람은 자신임을 잊지 말아야 한다. 아이의 우주는 엄마고, 아이가 웃을 수 있는 것은 엄마의 힘이다. 이 사실을 기억하고, 엄마 스스로 자신의 내면 성장을 위한 배움을 게을리해서는 안 된다. 이렇게 자기 성장이 시작되면, 아이를 위한 구체적인 독서 공부를 시작해보자.

책 읽는 아이로 키우는 엄마표 독서 코칭 "

"좋은 책을 읽는 것은 과거의 가장 뛰어난 사람들과 대화를 나누는 것과 같다."

17세기 최고의 수학자이자 자기 존재의 존엄을 외친 철학자인 데카르트(René Descartes) 의 독서 명언이다. 독서는 삶의 진리인지라 시간의 위치에 영향을 전혀 받지 않는 절대 진리라 해도 과언이 아니다.

독서 공부는 먼저 독서의 필요성을 가슴 깊이 받아들이는 것으로부터 시작한다. 우선 하나만 새겨본다면, 책은 이 세상에 존재했던, 존재하는 최고의 스승을 집으로 모셔 오는 것이다. 나는 독서를 코칭하는 사람은 객관적인 사고를 지니는 것이 중요하다고 여기고 있다. 단순한 독자일 때는 편독하거나, 사고의 치우침이 있다고 해도 주변에 악영향을 주고 피해를 주지 않는 범위에서는 충분히 인정되어야 한다. 그러나 누군가를 코칭해야 한다면, 조금 더 객관적인 사고를 지니도록 노력해야 한다. 왜냐하면 코칭을 받는 수용자의 발전적인 사고를 위해 객관성이 기초해야 하기 때문이다.

엄마들은 부모로서 지켜야 할 책무를 회피하는 경우가 있다. 그들은 무엇이든 잘 알려지고 오래된 전문가들에게 우리 아이를 맡기면 더 전문성을 가지고 자랄 것이라는 착각 속에 빠진다. 그래서 매일 더듬이를 세워 온갖 감각을 이용해 아이의 선생님 찾아주기에 혈안이 되어 있는 경우가 많다. 물론 교육전문가들이 필요한 상황이 있다. 그러나 독서는 특별한 날에만 해야 하는 행사가 아니다. 공기로 숨을 쉬듯 매일매일 책으로 호흡하는 기쁨을 느끼게 해야 한다. 그러기 위해서는 엄마가 깨우쳐야 한다. 즉, 자기 마음의 소리를 잘 듣고, 아이를 위해 엄마표 독서 코치가 되어야 한다.

아이가 아기일 때 분유를 미지근한 물에 탔더라도, 젖병을 아이 입에 바로 물리는 엄마가 있는가? 먼저 손등에 분유 한 방울을 톡 떨어뜨린 후에야 안심하고 수유를 시작한다. 행여나 어린 우리 아이 다치거나 놀랄 것을 우려하고, 작은 소리에도 극도로 예민해져 매사에 노심초사 조바심을 내기 일쑤다.

하지만 반드시 기억해야 할 부분은 우리 아이는 우리의 눈에 보이지 않는 곳도 무럭무럭 자라고 있다는 것이다. 아이의 뇌, 정서, 자존감, 자신감, 성격, 습관, 지능 등 삶에 핵심적인 부분이 커가고 있다는 사실을 더 크게 인지해야 한다.

지금 당장 엄마표 독서코치가 되는 것을 결심하자. 엄마의 따스한 마음으로 아이의 성장을 돕는 책을 선택하자. 누가 무엇을 산 것이 독서의 기준이 아니라, 꿈이 펼쳐지는 책으로 아이의 마음에 상상을 날개를 달 수 있는 책을 읽고, 함께하자.

책 읽는 아이로 키우는 엄마표 독서 코칭

03 좋은 책은 아이에게 긍정에너지를 갖게 한다

"여러분이 살아오며 가장 기억에 남아있는 책은 무엇인가요?"

나는 동료, 학부모, 아이들에게 이 질문을 하는 것을 좋아한다. 아주 어릴 때부터 사람들에게 관심과 호기심이 많은 편이어서 사람들의 생각이 늘 궁금하다. 간혹 결정이 불확실할 때는 객관적인 의견을 묻고는 한다. 그러한 행동의 원인은 오래된 습관 때문인지, 직업의 특수성으로 인한 것인지 알 수 없는 노릇이다. 그러나 어떤 이유가 되었든지 사람들에게 영감을 준 인생책이 궁금하고, 그 책들을 참고해서 꼭 읽어보려고 하는 편이다.

나는 가부장적인 집안에서 막내딸로 태어났다. 사회생활을 하시며 집안의 경제에 중심적인 역할을 하시면서도 늘 순종적인 엄마의 모습을 보며 두 가지 생각이 고착되었다. 하나는 여자는 내가 되고 싶은 것보다는 집안 상황을 먼저 생각해야 한다는 것이다. 두 번째는 나의 꿈보다는 오빠들의 미래가 우선 되어야 한다는 것이다.

우리 가족은 대구라는 대도시에 살았지만, 부모님의 사고는 합천 집성촌에서 사시던 방식 그대로를 고집하셨다. 지금은 그 당시 상황이 이해된다. 부모님들도 어릴 때부터 평생 시골에서 전근대적인 생활을 하셨으니, 사는 곳이 바뀌었다고 사고와 습관이 손쉽게 변화될 수는 없었을 것이다.

중학생 때, 나도 모르는 내 삶이 기다리고 있을 것이라 기대감이 들었던 시절이었다. 비록 콩나물시루같이 복작이는 버스지만, 내가 살던 동네를 벗어나 더 넓은 세계인 중학교로 가던 설렘을 아직도 잊을 수 없다. 깊은 우물 속 캄캄한 어둠 속에서 힘껏 점프해 밝은 빛의 세상을 선택한 것이나 다름없었다. 나의 눈과 귀를 가리던 곳을 빠져나올 용기를 준 중학생 시절에 만난 책이 있다.

1950년대 활동한 천재 여류작가 전혜린의 작품 중 대표 수필인 《그리고 아무 말도 하지 않았다》를 존경하는 선생님으로부터 선물 받았다. 작품에 대한 감동의 여운이 남아 이 책을 기억하는 것은 아니다. 작품을 쓴 작가 전혜린의 행보가 놀라움이었고, 깨어남이었다.

1934년에 태어난 한국의 여성이 독일에 유학하러 가고, 자신의 혼란스러움을 솔직하게 작품 속에 담아낸 사실은 그야말로 충격이었다. 아, 여자도 유학할 수 있다고 아무도 말해 주지 않았는데, 그때 처음으로 누군가로부터의 인식을 뺀 진짜 나를 만났다.

책 읽는 아이로 키우는 엄마표 독서 코칭

작가의 수필을 읽다 보면 그들과 가까운 관계를 맺고 있는 듯한 착각 속에 빠지고는 한다. 그만큼 좋은 작품이기에 가능한 일인데, 전혜린 작가의 작품이 그러했다. 내 꿈이 허상이 아니라, 얼마든지 실현할 수 있는 현실이라는 것을 인식하게 되었다.

아이가 어릴수록 이성적인 판단보다는 감정이 앞서 있다. 이때 만나게 되는 책은 아이의 일생에 거쳐 엄청난 영향력을 발휘하는 것은 두말할 나위가 없다. 그러니 엄마가 선택하는 아이의 책은 신중함이 강조될 수밖에 없는 일이다.

이 세상에 완전한 인간이 없듯이, 아이의 양육자인 엄마도 불안정한 상태에서 아이와 만난다. 확신은 없지만, 아이에 대한 본능적인 욕심과 애정이 넘쳐 마음이 바빠지는 것을 경계해야 한다. 그건 엄마의 마음에 희망 대신 어둠이 자리해 자신감 대신 두려움의 씨앗이 자라게 되는 계기가 될 수도 있다.

아이에게는 중요한 삶이 시작되었다. 엄마는 침착하게 주변을 돌아보고, 세상에서 유명한 양육, 교육, 독서 경험자를 만날 수 있는 책을 읽고 공부해야 한다. 물론 엄마가 되는 순간, 일분일초도 쉴 틈 없이 바쁜 현실이 눈앞에 닥칠 것이다. 그러나 엄마의 정서적 안정과 부모로서의 성장을 위해서라도 좋은 책을 골라 읽기를 권한다. 비록 몸은 바쁘고 지치지만, 책을 통해 내면이 단단해지고, 자신의 현실을 사랑하고 존중하게 되는 신비로운 경험을 하게 될 것이다. 또한 엄마로서 아이를 양육하는 것에 대한 두려움이 사라진다. 오히려 아이의 성장에 대한 기대와 설렘으로 훌륭한 부모로서 자신감이 생기고, 그로 인한 긍정에너지가 넘치는 축복이 넘치는 가족으로 거듭날 수 있다.

어떤 책을 좋은 책이라고 할 수 있는지 신중하게 생각해봐야 한다. 우리에게 《톰소여의 모험》으로 유명한 작가, 마크 트웨인(Mark Twain)은 미국의 소설가이자 미국 풍자 문학의 아버지로 추앙받는 인물이다. 그는 좋은 책에 관해 다음과 같은 말을 남겼다.

"당신에게 가장 필요한 책은 당신에게 가장 많이 생각하게 만드는 책이다."

여기서 생각은 어떤 생각을 말하는 것일까? 현대 철학의 창시자 중 한 명인 데카르트(René Descartes)는 "생각한다, 고로 나는 존재한다"라는 의미심장한 말을 남겼다. 인간은 하루에 수만 가지 생각을 하고, 그 중 부정적인 생각이 80% 이상이라는 연구 결과가 있기도 하다. 이런 여러 사례를 통해 좋은 책에 대한 정의를 조심스럽게 내려봤다.

좋은 책은 보는 이로부터 좋은 생각을 할 수 있게 하는 힘이 있어야 한다. 좋은 생각은 자신의 본질에 대해 객관적으로 마주할 수 있게 하는 용기, 부정적인 생각을 물리칠 수 있는 자기 확신을 말한다. 인간이 하루에도 수없이 일으킨 부정적 생각들로 스스로가 갉아먹은 긍정의 힘을 다시 일으켜주는 책을 찾아야 할 것이다. 그것이 좋은 책의 첫 번째 조건이다.

책 읽는 아이로 키우는 엄마표 독서 코칭

두 번째 좋은 책의 조건은 내가 찾고자 하는 삶의 방향을 친절하고 정확하게 안내해주어야 한다는 것이다. 우리는 미지의 세계로 떠나는 여행을 아침마다 하고 있지 않은가. 요즘은 길을 찾을 때 GPS의 도움을 받고, 편안한 마음으로 편리하게 목적지까지 도착하고 있다. 이처럼 우리의 삶을 살아갈 때 안내서가 되어줄 책을 찾아야 한다.

마지막으로 좋은 책은 무엇보다 자신이 읽고, 이해할 수 있어야 한다. 이해할 수 있어야 공감할 수 있고, 그것이 곧 재미와 감동으로 이어진다. 그런 독서 시간이 꾸준히 쌓여 자신감과 깊은 사유의 즐거움을 만끽하는 경지에 이르게 된다. 더 나아가 자신의 삶을 자신의 의지대로 이끌어가는 주체적인 사람으로 거듭난다.

좋은 책을 읽은 우리 아이는 어떤 모습으로 자라는지 잠깐 상상해보자. 엄마로서 굉장한 흥미로움과 기대감이 느껴질 것이다. 간혹 엄마들이 책을 싫어하는 아이를 억지로 이끌고, 학원으로 강제 등원시키는 때도 있다.

"선생님, 우리 아이가 말 잘 알아들을 수 있도록, 설명 좀 부탁드려요!"

엄마는 이 짧은 말을 남기고, 아이를 맡기고 바쁜 걸음으로 돌아간다. 나는 이런 상황을 흥미롭게 생각한다. 왜냐하면 아이들과 독서에 대한 본질적인 설명과 원리, 효과에 대해 진지하게 이야기를 나눠 보면, 아이들은 하나같이 비슷한 대답을 한다.

"책을 읽으면 똑똑해지고, 공부도 잘할 수 있을 것 같아요."

"책은 꼭 읽어야 하는 것 같기는 해요."

"막상 마음먹고 보면 재미는 있어요."

아이들은 알고 있다. 책은 자신에게 유익함을 주는 존재임을 이미 알고 있다는 것은 확실하다. 그렇다면 왜 읽지 않는 아이가 되었을까? 학원 수업, 운동, 악기, 취미학원, 숙제, 게임, SNS 등 표면적인 이유는 많다. 틀린 이유도 아닐 것이다. 그래서 엄마는 스스로 책을 읽고, 아이의 바른 독서 생활을 위해 공부하고, 아이의 스승이 되고자 선택하고 노력해야 한다.

우리의 뇌는 바보다. 뇌의 주인인 내가 생각하는 대로 정의를 내리고, 믿고 일을 하기 때문이다. 2002년 한일월드컵 경기 때 많은 국민에게 힘을 주었던 글귀를 잊지 않고 있다.

"꿈은 이루어진다."

나는 아이들에게 이 문구를 이야기하며, 자신의 진정한 주인이 되는 것을 강조한다. 또 자신의 꿈과 소망을 위해 어떤 선택을 할 것인지 물어본다. 대다수 아이는 독서의 중요성을 인지하고, 스스로가 그런 사람이 되는 것을 선택한다. 아이들은 선생님은 모르는 방법을 알려주고, 꿈을 응원하는 조력자이자 지지자라는 것을 인식한다. 그리고 스스로가 자기 독서의 주체자임을 알고 실천한다.

04

꾸준한 독서로
몰입력을 키운다

몰입이란 주위의 모든 잡념, 방해물들을 차단하고 원하는 어느 한 곳에 자신의 모든 정신을 집중하는 일이다. 어떤 일의 결과를 내기 위해서는 몰입의 단계는 필수요건이다. 나는 집중을 넘어 몰입의 단계에 들어가기 위한 훈련으로 독서만한 것이 없을 것이라 확신한다.

독서는 엄청난 집중력을 요구한다. 책을 읽으며 머릿속에서는 온갖 상상이 일어나고, 주변의 스위치는 꺼지게 된다. 즉, 인간은 책을 읽으면서 외부 세계와 단절을 하고, 자신만의 고유한 내면세계로 빠져들 수 있다는 것이다.

"독서가 열어 준 조용한 공간에서 인간은 연관성을 생각하고, 자신만의 유추와 논리를 끌어내며, 고유한 생각을 키운다."

미국의 니콜라스 카(Nicholas Carr)의 저서《생각하지 않는 사람들(원제 The Shallows)》에서 작가는 독서를 통해 자신에게 집중하며 몰입 상태로 돌입할 수 있음을 강조하고 있다. 아이들과의 독서 수업에 비춰볼 때 독서는 인간의 몰입력을 최대치로 올릴 수 있는 최고의 장치라는 것이다.

지금은 초등학교 3학년이 된 태영이가 작년 2학년 때, 책을 읽으며 환하게 웃기도 하고, 심각한 표정을 짓기도 했다. 마치 책 속에 펼쳐지는 상상의 세계에서 주인공을 만나 친구가 되어, 함께 즐거운 놀이를 하는 듯한 표정이었다. 다른 아이들도 독서 중 집중하며 읽지만, 유독 태영이가 생각나는 이유는 그렇게 독서 후에 보이는 행동 때문이다. 특별히 묻지 않아도, 내 옆으로 와 손을 꼭 잡고 늘 꿈꾸는 표정으로 동화 속 이야기를 펼쳐준다.

"선생님, 종민이는 정말 용기도 있고, 머리도 좋아요. 저라면 바로 선생님께 도와달라고 했을 것 같아요."

태영이는 분명 나를 보고 있는데, 눈빛은 책 속 상상의 세계를 그리며, 그곳에 머무르고 있는 듯했다.

중학교 2학년인 단이는 초등학교 4학년 때부터 함께 한 제자다. 단이와 처음 만난 초등학교 4학년 때, 내가 느낀 점은 유독 사고가 딱딱하다는 것이었다. 무엇이든 제시간에 딱 그만큼만

자를 잰 듯 행동하고, 사고훈련을 할 때도 학습된 습관과 고착된 기질에 의한 선택이 많았다. 또 자유로운 사고를 지닌 친구나 사회에서 정한 규칙에서 조금이라도 어긋난 행동하는 다른 아이를 보며, 한심하다고 생각하기도 했다.

단이 행동이 틀린 것은 아니었지만, 염려되는 부분이 있었다. 세상은 온갖 규칙과 규율로 안전한 장치가 되어 있는 것처럼 보일 뿐, 그렇지 않은 상황이 발생하고, 마치 정글 같은 관계들로 엉켜있으며, 미로 같은 일도 맞닥뜨리지 않던가! 하나 더 보태진 우려는 어느 정도의 학년까지는 습관에 의해 자신이 원하는 방향대로 진행될 수도 있지만 고학년이 되면 그렇지 않다는 것이었다. 사고의 유연함이 필요한 순간이 많을 텐데, 어떻게 현명한 자신의 삶을 펼쳐갈 수 있을지 마음이 많이 쓰였다. 그래서 단이 엄마랑 상담 끝에 내가 찾아 준 솔루션은 독서 시간을 확대하고, 다양한 문학 및 인문서를 접할 수 있게 해주는 것이었다. 누구보다 성실한 친구라 4년 동안 약속을 잘 지켜주었다. 자신이 정한 시간에 바른 방법으로 집중 독서를 하고, 글로써 자기화 과정을 꾸준하게 한다는 것은 결코 쉽거나 만만한 일이 아니다.

단이는 생각이나 행동에 여유가 생겼다. 처음 독서를 시작할 때 자기 학년보다 낮은 학년의 필독서 읽기로 시작했다. 그러나 지금은 고등학생들이 읽을법한 책들을 두려움 없이 선택하고, 독서 후 활동으로 글 속에 자신의 깨달음을 적어간다. 단이는 여러모로 다양성을 지닌 아이로 성장한 느낌이 많이 든다. 책을 선택할 때도 다양성을 접하길 원하고, 옆에서 동생들이 떠드는 소리나 다양한 소음에도 꿈쩍도 하지 않는다. 오로지 자기 자신에게 몰입하는 단계에 이르러 메타인지가 높을 때 나타나는 행동이라 할 수 있다.

'물 흐르는 것처럼 편안한 느낌'
'하늘을 날아가는 자유로운 느낌'
'미치도록 행복한 나를 만나는 시간'

몰입이론의 창시자, 미국 심리학자인 미하이 칙센트미하이 (Mihaly Csikszentmihalyi)가 몰입 시 느끼는 인간의 감정을 표현한 말이다. 그는 몰입으로 몇 시간이 한순간처럼 짧게 느껴지는 '시간개념의 왜곡' 현상이 일어나기도 하며, 학습과 노력으로 충분히 도달할 수 있다고 헀다. 하지만 몰입 현상은 사신이 관심이 있는 것은 단시간에 흡수할 수 있게 하지만, 관심이 없거나 집중도가 떨어지는 것은 기억조차 못할 수도 있다고 한다.

그의 이론에 동의할 수 있는 사항들이 많다. 독서의 예를 들어보면 아이가 선택한 책을 좋아하고, 재미있는 책으로 인식하면 몰입의 상태로 더 빨리 돌입하는 것을 볼 수 있다. 반면 아이들이 책이 어렵다고 생각하거나, 흥미롭지 않다고 느끼는 순간 아이의 책 읽기는 수박 겉핥기가 되기에 십상이다. 그래서 아이들의 책은 무조건 쉽고 재미있는 것으로 시작해 조금씩 자신감과 호감을 놓치지 않게 책 수준을 올려주어야 할 필요가 있다. 그런 과정을 통해 아이들은 몰입을 경험하며, 다양한 상황에 적용할 능력을 키워갈 수 있다.

나는 뇌를 교육하는 국가공인 브레인 트레이너다. 뇌에 관심을 두게 된 이유는 두 가지다. 하나는 독서 수업을 하면서 뇌와 독서의 관계를 조금 더 체계적으로 공부할 기회를 얻고 싶었다. 두 번째는 인간의 뇌를 조금 더 잘 활용할 방법에 대해 알고 싶었기 때문이다. 이 자격을 취득하면서 가장 큰 성장을 하게 된 부분이 있다. 바로 아이들의 뇌파검사를 통해 과학적 근거를 바탕으로 조금 더 폭넓게 아이의 상황을 이해할 수 있게 되었다는 점이다. 물론 100% 확신할 수 있는 데이터는 아닐 수 있다. 하지만 단순히 경험과 지식을 바탕으로 한 자의적인 해석에 과학적 요소를 더할 수 있으니, 아이에게 맞춰진 교육을 할 수 있는 강점임에는 틀림이 없다.

인간의 뇌는 가소성을 가진 특징이 있다. 뇌 가소성은 뇌의 적응성을 의미하는데 경험과 학습을 통해 변화하고 적응할 수 있다. 이러한 능력은 뇌의 신경 연결망을 늘리기도 하고, 사용하지 않는 연결망을 퇴화시켜버린다. 이 기능은 나이나 유전, 환경에 따른 다를 수는 있으나 평생 이루어진다.

독서는 지식을 얻기 위함도 있지만, 더 다양하고 중요한 역할을 해낸다. 독서를 통해 고도의 집중을 늘려, 몰입할 수 있다. 이런 과정을 통해 뇌를 발전시키는 독서야말로 가장 쉽게 시작할 수 있는 중요한 일이 아니겠는가. 하지만 꼭 명심해야 하는 중요한 사실은 독서의 골든타임과 꾸준함이라는 것이다.

엄마가 사랑하는 아이의 스승이자, 독서코치가 되어야 하는 이유가 분명해졌다. 독서는 아이를 면밀하게 아는 데서부터 출발하는 것이 가장 중요하다. 세상과 엄마의 기준이 아니라, 철저하게 아이의 뇌 발달 상황과 독서 수준에 맞춰 출발해야 한다. 이를 위해서 엄마는 자신이 해야 할 일을 다른 기관이나 사람에게 전적으로 맡기는 무책임함을 버려야 한다. 물론 많은 시행착오를 겪을 것이다. 하지만 엄마는 아이와 함께 포기하지 않고, 독서 성장을 위해 노력한다면, 아이와 엄마 모두 원하는 삶을 살 수 있게 된다.

책 읽는 아이로 키우는 엄마표 독서 코칭

꿈에 도전하는
용기 있는 아이가 된다

"전 아직 꿈이 없는데요."

아이와 첫 만남 때 물어보는 말은 꿈에 관한 것이다. 질문을 받은 아이들 10명 중 7명 이상은 아직 꿈이 없다고 한다. 그럼 다시 의사, 경찰, 크리에이터, 교사, 회사원 이런 직업을 말하는 게 아니라, 어떻게 살고 싶은지도 꿈이 된다고 이야기한다. 그러면 아이들은 대답에 조금 더 활발하고 즐거운 기운이 더해져 돌아온다. 대체로 직업을 꿈으로 한정 지어 생각하는 아이들이 많다. 그러면 꿈은 무엇이라고 정의 내릴 수 있을까? 사전적 의미를 보면 수면 시 경험하는 일련의 영상, 소리, 생각, 감정 등의 느낌이다. 희망 사항, 되고 싶은 직업, 목표 등을 일컫는 말이기도 하다(위키백과).

꿈의 범주가 이렇게 광범위한데, 아이들은 직업만 꿈으로 생각하게 된 이유는 아직 세상에 대한 경험이 없고, 견문이 좁기 때문일 것이다. 그래서 시대 모습을 반영하는 직업들을 꿈으로 생각한 것으로 추측한다. 현재 세상은 끊임없이 빠르게 변하고 있는데, 아이들은 내일을 유추해보며 자신의 삶을 상상하는 방법을 찾아야 한다. 그랬을 때 비로소 자신의 꿈을 구체적으로 그릴 수 있을 것이다.

존재하지 않는 세상과 다채로운 삶을 상상하기에 책만 한 것이 없을 것이다. 사람이 상상할 수 있는 모든 것보다 더 이상의 것이 존재하는 곳, 허구가 진짜가 되는 곳, 먼 미래가 현재와 미래가 되는 곳이 바로 책 속에 존재한다. 미래의 주인공인 우리 아이들은 책 속에서 자기의 꿈과 희망을 마음껏 찾고, 펼쳐야 한다. 그런 경험이 우리 아이들의 가슴 속에 몽글몽글 피어나는 기분 좋은 진짜 꿈을 선사할 것이다.

"바다 멀리 떠날 용기는 필요 없어. 마을 밖으로 나갈 용기만 있으면 충분해!"

강경호 작가의 글 《상어 지느러미 여행사》은 동화 속 주인공, 바닷속 작고 평화로운 마을 '파파피포'에 사는 작은 물고기 하루의 말이다. 하루는 늘 자신이 사는 안전한 마을을 떠나, 큰 바다로 나가는 꿈을 꾼다. 드디어 자신에게 용기가 되어 주는 가짜 상어 지느러미를 등에 메고 의기양양하게, 세상의 모든 바다를 뜻하는 파파피포는 모험에 도전한다. 얼음 바다, 달콤 바다를 여행하던 중 큰 위기를 맞지만, 그 순간 진짜 자기의 모습을 발견하고 깨닫게 된다. 하루는 용기와 재능을 지닌 자신만의 고유한 내면의 힘을 느끼며 자신감으로 자신을 무장하고 여행을 즐긴다.

이 동화를 읽은 아이들은 하나같이 용기라는 말을 하고, 글을 써서 자신을 북돋우는 모습을 보였다. 에비블루를 찾아 떠난 하루의 희망찬 모습을 보며 우리 아이들도 자신의 꿈을 상상하며, 자신에게 무한의 용기를 주었을 것이다.

아이에게 스스로 꿈을 꾸는 것이 중요하다고 아무리 강조해도, 주체자인 아이들이 공감하고 깨닫지 못한다면 그 말은 허공을 떠도는 먼지와 같은 존재로 남을 수밖에 없지 않겠는가. 아이의 눈망울을 반짝반짝 빛나게 할 수 있는 것은 아이가 꾸는 행복한 꿈뿐이다. 그 꿈을 책 속에서 보석처럼 아름다운 이야기와 만나게 하는 것도 아이를 키우는 엄마의 막중한 임무임을 잊지 말자.

최근 몇 년간의 대학입시 뉴스를 보면 '의대 쏠림 현상'이라는 말이 빠지지 않고 등장하고 있다. 학령인구 감소로 대학 입학생 수는 꾸준히 줄고 있으나, 의학 계열에 지원자 수는 매년 고공행진이다. 이런 현상이 일어난 이유는 여러 가지가 있겠으나, 대표적으로 직업에 대한 안정성과 고소득, 퇴직이 없기 때문으로 보인다. 특히 1997년, 2008년 경제위기를 겪은 부모 세대들의 불안함에서 초래된 경우가 많은데, 자식을 가진 엄마로서 충분히 이해와 공감이 되는 부분이다.

그런데 나는 쏠림이라는 말에 두려운 마음이 든다. 어느 사회나 인기가 있고, 유행되는 직업은 존재해온 것도 사실이다. 하지만 의사라는 직업은 소중한 생명을 다루는 일이니만큼 어떤 누구보다 도덕적 윤리관과 소명 의식이 바탕이 된 사람이 의사로서 역할 수행을 할 수 있을 것이다. 그만큼 의사는 고귀한 직업이니만큼 오로지 돈을 벌거나 자신의 지위를 높이기 위한 수단으로 작용한다면 개인이나 사회적으로 위험한 일이 아닐 수 없다.

"20년 후 당신은, 했던 일보다 하지 않았던 일로 인해 더 실망할 것이다. 그러므로 돛 줄을 던져라. 안전한 항구를 떠나 항해하라. 당신의 돛에 무역풍을 가득 담아라. 탐험하라. 꿈꾸라. 발견하라."

《톰소여의 모험》을 쓴 미국 작가 마크 트웨인의 명언이다. 이 작가의 명언은 그의 작품들과 일치하는 부분이 있어 생동감 있게 가슴속에 자리한다.

우리가 후회하는 지난 일들을 가만히 복기해보면, 마음속에서 진심으로 울려 퍼지던 자신의 외침을 모른 체했을 가능성이 높다. 어떤 일을 두고 할 것인지 안 할 것인지를 고민한다면, 이미 하고 싶은 마음이 더 크게 있다는 의미다. 그럴 때는 하고 싶은 일을 하고, 차라리 후회할 일이 있으면 후회하는 것이 더 나을 것이라고 이야기하는 사람이 많다. 이미 마음속에 떠오른 강렬한 욕구는 그 일을 하든, 하지 않든 후회가 생길 수 있다. 꼼꼼히 따져보면 하지 않으면 후회할 일이 100%고, 일단 하고 나면 후회할 일은 50%로 줄어드는 것을 알 수 있다. 이미 경험해봤기에 하고 싶은 열망을 채웠고, 그에 따른 아쉬움도 사라졌을 뿐만 아니라, 만약 실패했다고 하더라도 살아있는 교훈을 얻은 것이다.

그 교훈은 다음번에는 실패가 아닌 성공과 만족을 선물해줄 것이기에 '일석이조'의 효과를 본 셈이다. 어떤 것이 자신에게 유리한 선택이 되는지 생각해볼 문제임에는 틀림이 없다.

아이는 어릴 때, 미지의 세계에 대한 환상이 있다. 그들에게는 문밖 세상을 넘어 더 큰 세상에 대한 동경과 상상 속으로만 그렸던 일들을 현실로 구현할 권리가 있다. 그 권리를 사랑이라는 이름으로 뺏고, 부모가 겪고 있는 현실과 추측으로 미래의 아이를 고정관념의 밧줄로 묶고 있는 것은 아닌지 엄중하게 자신을 들여 보아야 할 것이다.

부모는 소중한 아이가 태어나면 세상에 바람막이가 되고, 온갖 풍파로부터 사랑하는 아이를 지켜주겠다고 다짐할 것이다. 나 또한 쌍둥이를 혼자 키우다 보니, 아이들을 위험한 일로부터 보호하기 위해 유별나게 행동했던 적이 많다. 아이들이 길거리를 거닐 때, 음식을 먹을 때, 다른 아이들과 몸을 부대끼며 놀 때 등 모든 것이 불안하고 걱정거리였다. 그 결과 아이들은 친구들과 놀 권리를 엄마로부터 박탈당했고, 나도 내가 만든 불안의 덫으로 늘 조바심을 내며 발을 동동 구르며 살았다. 그런데 어느 순간 아이들은 독립적인 성인으로 성장하고, 그때 비로소 엄마로 인해 많은 경험을 놓친 아이들이 보였다. 그나마 다행인 것은 독서지도사인 엄마이니 책 속에서 큰 세상을 상상하며 클 수 있었다는 것이 작은 위로가 되었다.

나는 어린아이를 키우고 있는 엄마들이 나처럼 지나친 염려는 하지 않았으면 하는 바람이다. 그런 행동은 결코 나와 아이를 위한 일이 아니라는 것을 꼭 이야기하고 싶다. 아이의 안전을 생각하는 것은 엄마로서 당연한 행동이나, 그 마음은 조금 숨길 줄 알아야 한다는 것이다. 그 대신 두려움이 엄습할 때마다, 책 속에서 길을 찾아 책 속에서 이야기하는 긍정의 언어와 생각으로 아이를 대해 보자는 것이다. 그것이 오히려 아이에게는 유익한 일이 될 테니까.

엄마는 아이가 자신의 삶을 기쁨으로 가득 채워줄 수 있는 진짜 자기 꿈을 꿀 수 있도록 믿어주어야 한다. 그 꿈이 앞으로 만날 위기와 혼란스러움에 한 줄기 빛이 되어줄 것이다. 어릴수록 다양한 현상과 다채로운 삶을 책을 통해 만나고, 진짜 자기를 행복으로 이끌어 줄 꿈을 꾸자. 그 꿈에서 현실의 문제를 해결할 힘을 키우는 것도 책을 통해 가능하다. 혼자서는 힘들고 지칠 가능성이 크다. 책 속에는 세상의 모든 스승이 우리 아이를 기다리고 있을 텐데, 엄마가 경험한 것으로 미래의 주인공을 좁은 문으로 밀어넣지 않기를 바란다. 책 속에서 만나는 친구들, 스승, 위인들을 보며 자신의 꿈에 거침없이 도전하는 용기를 경험하게 해야 한다. 그러면 도움이 필요한 순간에 책 속에서 만난 인물들이 아이의 머릿속에 떠오르고, 길을 잃은 아이에게 현명한 길로 안내해줄 것이다.

06 우리 아이가 세상을 당당하게 살아가게 하는 힘

아침 출근길에 자주 듣는 라디오 프로그램이 있다. 가수 양희은, 아나운서 김일중 씨가 진행하는 〈여성시대〉다. 1975년부터 프로그램이 진행되었다고 하니 그 역사에 존경심이 든다. 신조어 '당당이'라는 말이 있는데, 여성시대를 청취하는 사람들을 일컫는 말이다. 나는 이 말이 여러모로 정감 있고, 자신감도 생겨서 친근하게 느껴진다. 당당이들의 글이 소개되는 코너가 있는데, 그야말로 말 그대로 사연자들이 세상을 당당하게 살아가는 이야기들이 소개된다. 다양한 사연들이 많은데, 공통점은 힘든 일을 겪고 당당하게 살 것이라는 다짐의 글이다. 언제든 깨달음을 얻고, 자신 있게 살아가는 사연을 듣다 보면 '나도 조금 더 당당하게 살아가겠다'라고 다짐한다.

'당당하다'라는 말은 남 앞에 내세울 만큼 모습이나 태도가 떳떳한 것을 뜻한다. 아이들은 집에서 엄마에게 보여주는 것과 사회생활이라 할 수 있는 학교, 학원, 놀이터 등에서 보이는 모습이 차이가 난다.

"우리 아이가 진짜 그렇게 한다고요."

학부모들과 상담 중에 가장 많이 듣는 말 중 하나다. 아이는 이중적인 모습을 가지고 있는 것이 당연한 일임에도 엄마는 자신이 모르는 행동을 하는 아이가 낯설게 느껴지는 듯하다. 그런데 의아한 사실은 엄마들은 아이의 부정적인 행동은 걱정을 가득 담아 적극적으로 수긍하는 편인데, 아이의 긍정적인 태도를 칭찬할 때는 믿지 못하는 표정을 짓는 경우가 많다. 이런 경우를 보더라도 엄마나 어른들은 아이를 불안한 존재로 인식하고 있다는 것이 적나라하게 나타난다. 이런 반응은 더 나아가 아이에 대한 불신으로 이어질 수 있다. 부모의 양육 태도는 아이의 성격 형성에 지대한 영향을 미칠 수밖에 없다. 그러기에 아이를 대할 때 긍정적인 태도와 믿음을 보여주는 것이 무엇보다 부모의 중요한 의무다.

우리 아이가 세상을 당당하게 살아가길 소망하지 않는가? 지금부터 부모는 아이를 대하는 자기의 말과 행동을 복기해보는 시간을 가져야 한다. 당당함은 자존감이 높다는 뜻인데, 아이의 자존감은 부모의 행동이나 무심코 내뱉는 말의 방향에 따라 결정되기 때문이다. 부모는 아이의 우주라는 것을 어떤 순간에도

책 읽는 아이로 키우는 엄마표 독서 코칭

잊어서는 안 된다. 부모의 표정, 말, 손짓, 몸짓 하나하나가 아이의 가슴에 별처럼 총총 새겨질 것이기 때문이다.

아이가 어른이 되어 당당한 사회인으로서 독립하기 위해 엄마는 어떤 준비를 하면 좋을지 여러모로 고민할 것이다. 좋은 학벌, 안정적인 직장이 아이들의 당당함을 채워준다고 생각할지도 모른다. 그 결과, 아이들은 어릴 때부터 온종일 종횡무진 학원으로 빙글빙글 돌며 일과를 채우고, 숙제로 늦은 밤까지 잠들지 못하고 있지는 않은지 돌아봐야 한다.

조금만 여유를 가지고 한 발짝 뒤로 물러나 아이를 바라보자. 다른 아이들과 비교하지 말고, 있는 그대로의 아이를 따뜻한 시선으로 마주해보자. 아이를 절대 살피는 마음이 아니라 사랑하는 마음을 가득 담은 눈빛으로 엄마의 마음을 전해보는 것이다. 그 행동이 아이를 당당하게 만드는 첫 출발선이다. 엄마의 눈빛에서 아이는 자신이 사랑받는 존재임을 알게 되고, 어떤 행동을 해도 엄마는 나의 편이 되어줄 것을 확신하게 된다. 이런 확신이 마음속에 자리하게 되면 아이는 엄마를 닮아 온화한 성품을 지닌 온기 가득한 인품을 갖춘다. 그것이 바른 인성으로 자랄 준비가 되었음을 말하는 것이다.

엄마의 사랑으로 세상에 대한 두려움이 없어지게 되면, 아이의 마음은 바다처럼 넓어지며 세상을 호기심으로 바라보는 눈을 가진다. 그런 다음에 용기를 내어 세상을 당당하게 나선다. 아이의 내면이 단단해지는 과정이 진행되고, 더 나아가 확고한 신념으로 성장할 방법을 마술램프 지니와 같은 존재가 안내해 줄 것이다. 마술램프의 요정, 지니는 바로 이 세상의 지식, 지혜, 깨달음을 품은 책이다.

"선생님, 제가 피아노를 잘 치는 편인데, 희아 언니는 어떻게 네 손가락으로 피아니스트가 된 것인지 알 수가 없어요. 정말 네 손가락이 맞나요?"

피아노학원 원장님의 딸인 민아가, 고정욱 작가가 쓴 《네 손가락의 피아노》를 읽고 사뭇 진지한 눈빛으로 물어본다. 나에게 질문을 하면서도 민아의 상상은 멈추지 않는 표정이다. 이 아이의 얼굴을 보며, 눈이 마주쳤는데 온몸에 전율이 일어났다. 민아가 느끼고, 깨달은 바가 내기 생각하고 느낀 감정과 일치가 된 것이다.

책 속 주인공 이희아는 1985년에 출생한 우리나라의 피아니스트다. 그녀는 한 손에 손가락이 두 개씩 있어, 네 개의 손가락으로 피아노를 친다. 손뿐만이 아니라 다리도 짧게 태어났지만, 이 모든 신체적 어려움을 극복하고, 그 누구보다 실력 있고 당당한 피아니스트로 살고 있다.

이 이야기를 읽은 민아와 아이들은 어떤 생각을 할까? 민아는 피아노를 오래 쳐 왔기에 이희아 피아니스트가 얼마나 어려운 과정을 극복하고, 지금에 이르렀는지 그 가치를 조금은 짐작할 수 있을 터다. 거기에 자기의 생각과 상황을 반추하며, 자기의 모습을 당당하게 여기며 멋진 성장으로 이어질 것이 틀림없다.

당당한 사람들은 자신감과 자존감이 높아, 주변 사람들과 관계를 잘 맺어갈 뿐 아니라 그들에게 좋은 영향을 줄 수 있다. 또한 화가 나는 일이나 난처한 상황에서도 자기중심을 잃지 않고, 문제해결을 위해 적극적이면서도 긍정적으로 행동한다.

"나는 당당한 대한의 국민이다. 대한 사람인 내가 너희들의 재판을 받을 필요도 없고, 너희가 나를 처벌한 권리도 없다."

유관순 열사가 남긴 말이다. 어린 나이임에도 불구하고 어떤 교육을 받고, 어떻게 자신의 신념을 쌓아왔기에 저토록 당당할 수 있는지 어른인 나도 도무지 짐작조차 할 수 없다. 나는 위인들의 이야기를 보노라면, 궁금함이 증폭하는 경험을 자주 한다.

얼마 전 아이들과 역사 탐방으로 서대문형무소 역사관을 다녀왔다. 열 번 남짓 방문을 한 곳이지만, 늘 가슴이 뭉클해지면서 나의 내면을 향해 진지하게 물어보는 것을 잊지 않는다.

'내가 만약 저런 시대에 태어나 저런 상황에 직면했다면, 어린 소녀, 소년들처럼 목숨을 걸고, 간절한 독립 만세를 외칠 수 있었을까?'

탐방을 함께 한 아이들에게도 물어봤다.

"저 사람들의 당당한 외침은 어디에서 왔을까?"

"너희들은 나라를 잃은 사람이 되었다면, 어떤 마음이 들 것 같니? 또 저런 끔찍한 고문을 이겨낼 수 있었을까?"

한 아이의 대답이 가슴에 꽂힌다.

"감옥에 가더라도 당당한 마음이 들 것 같아요. 잘못한 것이 없으니까요."

그래, 역시 평소에 책을 끼고 살았던 이유 때문일까? 그 아이의 눈빛과 말투에 힘이 실려 있다. 아직 어리지만, 자신이 어떤 사람이라는 걸 알고 있는 단단한 생각을 하는 아이다.

우리 아이에게 자기 스스로와 세상에 당당할 수 있는 교육의 기회를 주는 것이 부모의 의무임을 잊지 말자. 현실만을 좇아가는 교육은 아이의 성장을 방해할 수도 있다. 자신을 진심으로 사랑하고, 자신을 당당하게 대할 수 있는 아이는 세상을 포용하며 행복하게 살아갈 것이다.

책 읽는 아이로 키우는 엄마표 독서 코칭

07

자기 삶을
책임지는 아이가 된다

자기 삶을 책임질 수 있는 시기는 언제부터일까? 자기 의사를 투표로 표현할 수 있는 권리가 생기는 만 18세일까? 일반적으로 고등학교를 졸업하는 만 19세라고 생각하는가? 아니면 책임감이 형성되는 시기는 나이와 상관없이 기질이나 부모들의 교육으로 가능할 것일까?

'캥거루족'이란 대학을 졸업하고 취직할 나이가 되어도 취직하지 않거나, 취직이 됐다고 하더라도 경제적인 독립을 못 하고 부모에게 경제적 도움을 받으며 사는 젊은 세대를 일컫는 신조어다. 비슷한 뜻으로 힘든 일이 있을 때 부모를 방패로 삼는 자라족, 빨대족 등이 있다. 신조어의 뜻을 보더라도 독립을 못 하는 청년들로 인한 사회적 문제와 손실이 클 수밖에 없다.

지난해 국무조정실에서 발표한 '2022년 청년 삶 실태조사'를 보면 만 19세부터 34세까지 청년 1만 5,000명 중 57.5%가 캥거루족인 것으로 나타났다. 이 중 사회에서 중추적인 역할로 활발한 경제활동을 해야 할 나이인 30, 40대가 65만 명에 이르러 5명 중 1명 정도를 이룬다. 우리 사회에는 주체적인 생각을 가지고, 독립적인 삶을 사는 젊은 청년들이 귀한 대접을 받을 수밖에 없는 상황이다.

이런 현상이 발생한 원인은 취업난과 주거환경의 불안정 때문으로 추측된다. 즉, 생물적으로는 자기를 책임질 수 있는 시간이 한참이 지났지만, 사회 여건이나 개인의 취약함으로 그렇게 하지 못하고 있는 것으로 해석해도 과언이 아닐 듯하다.

그렇다면 아이는 자신의 취약함을 극복하기 위해 언제, 어떻게 배우고 익히는 것이 적절한지 생각해봐야 할 문제다. 앞에서 캥거루족 이야기를 꺼냈지만, 비단 책임이 어른이 되었을 때만 형성되는 것은 아니다.

나는 20여 년간 많은 아이를 만나며 그들의 성향과 기질을 알아채는 나름의 능력이 생겼다. 두 명의 제자를 잠깐 예를 들어보면, 한 명의 제자는 고등학교 2학년이 된 최현수다. 그 아이는 초등학교 1학년 때부터 인연을 이어오고 있는 소중한 자랑스러운 제자다. 현수는 축구를 좋아하는 것을 넘어 사랑하는 아이라 초등학교 1학년 때부터 축구 방과 후 활동을 시작해 중학교 3학년이 될 때까지 진심이었다.

책 읽는 아이로 키우는 엄마표 독서 코칭

"선생님, 제가 축구 하러 가야 하는데, 시간을 20분만 일찍 나가도 될까요? 부족한 것은 다음 시간에 일찍 와서 마무리하겠습니다."

현수가 초등학교 1학년일 때 독서논술 수업을 일찍 마쳐야 하는 이유와 대안을 제시하며 내게 제안을 한 말이다. 그 당시 한 팀에 4명이 함께 토의, 토론으로 발표수업까지 진행되던 터라 나는 현수의 말에 확답을 주기가 어려웠다. 그런데 내가 현수 의견을 수용하는 데는 그리 오래 걸리지 않았다. 현수의 두 손 모은 정중한 태도와 나이답지 않은 신념을 표정에서 읽을 수 있었기 때문이다. 현수의 약속은 한 번도 깨진 적이 없었다.
현수의 꿈은 중학교 2학년이 되었을 때 더 선명해졌다. 유럽 축구를 좋아하는 자기를 존중하고, 좋아하는 것을 일로 만드는 꿈을 이루는 방법에 대해 사색이 깊어졌다. 그리고 마침내 스스로 선택한 꿈에 책임을 지는 행동을 하는 것을 즐겼다. 수업 시간에 유럽축구와 직접적으로 연관된 일을 하겠다는 포부를 밝히며, 기운차고 힘차던 얼굴을 기억한다. 자신의 꿈을 이루는 과정으로 고등학교 진학을 선택해 행복한 학교생활을 보내고 있다. 현수는 초등학교 1학년 때부터 지금까지 자신의 삶을 책임지는 아이였다.

반면 현수랑 반대의 행동을 하는 아이도 많았다. 그중 유독 학년보다 자기의 일을 결정하는 데 어려움을 겪는 아이가 있었다.

사사건건 엄마에게 전화로 물어보고, 수업 시간 중에 화장실 갈 때조차 엄마에게 상황을 설명하고, 엄마의 당부를 들어야 마음이 편해지는 표정을 짓는다. 이런 행동 원인을 추측해보면, 선택의 어려움을 겪는 것이 아니라, 누군가가 선택해주는 것이 가장 편하게 하는 방법이라 여겨 그 행동에 익숙해져 있기 때문으로 생각된다.

이 아이는 고집이 센 편인데, 선생님 앞에서는 더 고집이 세져 선생님들과 기싸움을 하려고 할 때도 있다. 이때 아이의 표정을 보노라면 모든 눈과 귀를 막고, 자기 세계로 더 빠져드는 느낌이 든다. 센 고집 때문에 상대편과 어떤 타협도 할 만큼의 능력이 키워지지 않았다. 하지만 엄마의 품 안에서는 늘 평안함을 얻기에 끊임없이 핸드폰을 손에서 놓지 못하고, 엄마를 찾는 것으로 사료 된다. 이렇게 된 데는 분명 엄마의 역할이 큰 몫을 차지했을 것이다. 아이가 어릴수록 부모의 행동, 성격, 교육 방법이 아이의 가치관 형성과 습관, 성격에 지대한 영향을 주기 때문이다.

자기 삶을 책임지는 연습과 습관은 어릴 때부터 체계적으로 이루어져야 하는 것을 꼭 기억해야 한다. 모든 일에는 단계가 중요하듯이, 아이를 교육하는 데는 아이의 뇌 발달 단계에 기초해보는 것을 권하고 싶다.

사람의 뇌는 컴퓨터의 아버지라고 부를 수 있다. 컴퓨터는 사람의 뇌에서 정보를 처리하는 것에 착안해 만들어졌다. 컴퓨터에 정보를 입력하면 그대로 받아들여지고 나면 결과인 출력의

책 읽는 아이로 키우는 엄마표 독서 코칭

단계를 이어진다. 컴퓨터는 옳고 그름을 판단할 수 없으므로, 있는 그대로를 입력하고 그대로 출력하는 것이다. 사람의 뇌도 자주 접하는 것을 믿게 되고, 그 믿음대로 생각하며 판단의 단계 없이 거르지 않고 입력한다. 이렇게 입력되면 출력은 자연스럽게 그대로 진행되기 마련이다.

앞의 내용을 바탕으로 부모는 아이의 뇌에 무엇을 입력시켜줄 것인지 생각해봐야 할 의무가 있음을 잊어서는 안 된다. 부모가 하는 선택과 행동이 아이의 뇌에 그대로 입력된다고 생각해보면 바짝 정신이 드는 걸 느낄 것이다. 부모는 자신이 무엇을 해야 하는지 스스로 해답을 찾아야 하고, 그렇게 행동해야 한다.

"넌 네가 길들인 것에 대해 언제까지나 책임을 져야 하는 거야."

이 말은 앙투안 드 생텍쥐페리(Antoine Marie Roger De Saint Exupery)의《어린 왕자》에서 인용한 명언이다. 이 말은 우리는 지금보다 더 나은 사람이 되기 위해서는 책임감이 중요하다는 걸 알고, 노력하는 자세를 갖추어야 한다는 의미를 담고 있다.

"내가 너에게 도움을 줄 수 있다고!"

권정생 작가의《강아지 똥》에서 자신을 쓸모없는 존재로 여겨, 슬픔에 가득 찼던 주인공 강아지 똥이 민들레에 한 말이다. 자신이 누군가의 도움이 될 수 있다는 말에, 세상에서 가장 행복한 존재로 느끼며 환호성을 지른다. 자기 자신을 귀한 존재로 여기는 깨달음이다.

한 생명을 향기 나는 존재로 키운다는 것은 결코 쉬운 일이 아니다. 엄마가 된 나 자신조차도 나를 확신하기에는 두려움이 따르기 일쑤다. 그리고 인간의 근본 원리와 삶의 본질이 무엇인지 가르친다는 것은 참으로 어려운 일이 아닐 수 없다. 전 생애를 거쳐 치열하게 사고하고, 실패와 회복이 거듭될 때 비로소 조금은 알 것 같은 생각이 든다. 물질처럼 손에 잡히지도 않고, 내 삶임에도 확신이 서기 어려운 일이다. 특히 자식을 키울 때는 더 불안함에 엄습해오기도 한다.

그런 두려움과 불확실성에 대한 해답이 바로 책이다. 책 속에는 전 세계 속 위인들이 우리에게 속삭이고 있지 않은가? 철학이 무엇인지, 자신이 무엇인지 분명히 깨닫고, 자기 자신을 소중하게 여기기를 당부하고 있다. 더 나아가 가장 소중한 존재를 누군가가 정한 길로 걸어가게 놔둘 것인가? 엄마는 아이가 자기를 책임지는 사람으로 성장할 수 있도록 책을 펼쳐야 한다. 책은 반드시 아이가 가고자 하는 그 길로 인도해줄 것이다.

책 읽는 아이로 키우는 엄마표 독서 코칭

코치노트

| 제2장 | 자녀 육아에는 책 읽기만 한 것이 없다 |

나를 깨달음으로 이르게 하는 독서

· 자신이 세상을 살아가며 꼭 깨닫고 싶은 것, 우선순위를 정해 5개로 정리해보자.

· 자신이 깨달음에 이르기 위해 할 수 있는 방법을 실행가능한 것부터 차례대로 5개 적
  어보자. 또 소망하던 깨달음을 이르렀을 때 어떤 느낌과 생각이 들지 표현해보도록 하
  자. 자유롭게 상상하며 표현하자.

순번	깨닫고 싶은 것	깨달음에 도달할 방법	깨달음이 주는 느낌이나 생각

책 읽는 아이로 키우는
엄마표 독서 코칭

제**3**장

독서가
자녀의 일상이
되는 방법

01

엄마 목소리를 들으며
잠드는 아이

"9시네! 이제 잘 준비하자."

9시가 되면 쌍둥이 아들들은 으레 동화책 한 권씩을 책장에서 골라 엄마를 사이에 두고 자리에 눕는다. 세상에서 가장 편안하고 행복한 표정을 하고, 잠이 묻은 눈이 호기심으로 반짝반짝 빛난다.

"우리 순이 어디 가니?"

내가 책을 읽어나가면 큰아들의 후렴이 이어진다.

"엄마, 여기 꽃밭에 가는데."

이렇게 두 아이가 가져온 책 두 권을 다 읽고 나면, 한결같은 두 아이의 모습에 웃음이 났다. 큰아이는 끝까지 이야기를 다 듣고 잠이 드는 반면, 작은아이는 콜콜 코까지 골며 잠이 들었다. 이런 두 아이의 다름은 돌이 되기 전부터 몇 년째 이어진 모습이라 자연스럽게 내 입가에 피어난 미소가 취침 시간을 대신한다.

나는 아이의 책 읽기는 엄마의 목소리로 시작하기를 엄마들에게 강력하게 권해왔다. 그런 수고를 하는 이유는 엄마의 목소리가 아이에게 주는 강점이 셀 수 없을 만큼 많기 때문이다.

강점을 크게 세 가지로 정리해보면, 첫째, 엄마와 아이가 행복해진다. 엄마와 아이는 가장 밀접한 신경회로로 연결되었던 관계라 신체적, 정서적인 부분을 함께 공유한다. 엄마의 목소리로 책을 읽다 보면, 아이는 어느 때보다 안정감을 가지게 될 뿐만 아니라, 엄마의 사랑을 함께 느낄 수 있다. 또한 아이와 정서적으로 밀착된 엄마는 아이의 행복한 마음을 함께 느껴 따뜻한 미소를 짓는다. 특히 임신 5개월이 되면 태아는 외부로부터 전해오는 부모의 목소리를 들을 수 있게 된다. 아이는 당연히 엄마의 목소리를 가장 친근하게 느끼고, 세상에서 가장 정서적 안정감을 느낄 수 있다. 반면 아이가 엄마와 불안정한 애착 관계를 맺게 되면, 자라면서 성격 및 정서적인 부분에서 부정적인 영향을 미칠 것은 불을 보듯 뻔한 일이다. 아이의 바른 성장을 위해서는 무엇보다 평소에 엄마의 목소리를 들려주는 것이 중요하다.

둘째, 아이의 독서력과 언어 능력이 키워진다. 엄마의 목소리로 읽어가는 책은 일상적인 말보다 언어적 자극을 주는 위력이 있다. 그것은 곧 아이의 언어력 향상으로 이어지고, 이야기의 장면을 상상하는 시간을 갖는다. 이런 경험이 쌓이면 아이는 독서에 대한 좋은 기억이 독서력까지 키우는 계기가 마련된다.

셋째, 아이의 두뇌 발달을 긍정적 영향을 준다. 엄마의 목소리는 아이에게 언어적 자극을 준다. 만약 자극을 주지 않는다면 아기의 뇌는 언어 영역이 발달하지 않게 된다. 엄마의 목소리를 들으면 아이의 뇌 중 가장 활성화되는 곳은 1차 청각피질과 진액골피질인 것으로 나타났다. 측두엽 속에 자리한 1차 청각피질은 청각 정보를 일차적으로 받아들여 의사소통과 이해를 돕는 기관이다. 또한 전액골피질은 주변 상황의 변화를 감지하는 기관으로써 주로 주변 소리에 반응하고, 새로운 정보를 습득하는 데 도움을 주고 있다. 이외에도 전액골피질은 이성을 조절해 자제력 향상에 영향을 주고 있다. 이처럼 엄마의 목소리를 듣고 잠이 드는 아이는 따뜻한 인성과 자신과 다른 사람을 사랑할 수 있으며, 높은 지적 능력까지 갖춰 성장할 가능성이 크다.

엄마의 목소리를 들으며 잠드는 독서를 '잠자리 독서'라고 한다. 그렇다면 잠자리 독서는 어떤 책을 몇 살까지 어떤 방법으로 읽으며 좋을까? 나는 2000년부터 '10년 책 읽어주기'를 부모 상담에서 빼놓지 않고 이야기하고 있다. 시작하기 좋은 시기는 아이가 엄마의 배 속에 있을 때부터지만, 보통은 생후 18개월 때부터 시작해 최소 10년을 적절한 기간으로 본다. 초등학생을 둔 엄마들과 주로 상담을 진행하다 보면, 고학년이라 많이 아쉬워하는 엄마들도 있고, 저학년 엄마들은 꼭 그렇게 시작해보겠다는 다짐하기도 한다. 나는 아이가 너무 커 아쉬워하는 엄마에게 꼭 이 이야기를 덧붙인다.

"어머니, 물론 아이가 아주 어릴 때부터 엄마와 책 읽기를 못한 부분은 아쉬운 마음이 들 기도 합니다. 그러나 더 중요한 것은, 지금부터라고 생각해요. 습관이 안 되어 어색하고, 아이가 다 컸다는 생각에 쑥스러운 마음이 들 수도 있지만, 지금부터라도 시작해보세요. 아이의 두뇌 발달, 정서적 안정과 책에 대한 호기심, 상상의 세계가 펼쳐진답니다."

나는 시작이 중요하다는 말을 꼭 전한다. 물론 두뇌가 발달하는 시기와 독서 발단의 단계를 염두 해본다면 독서와 관련된 행위의 시작은 어릴수록 더 좋다. 그러나 아직은 학령기에 있는 아이들이고, 엄마의 품속에 있는 시기라는 점이기에 지금, 이 순간을 가장 빠른 시기로 여겨야 할 것이다. 왜냐하면 독서는 타고나는 능력이 아니라, 길러지는 것이기 때문이다.

"인류는 책을 읽도록 태어나지 않았다. 독서는 뇌가 새로운 것을 배워 스스로 재편성하는 과정에서 탄생한 인류의 기적적 발명이다."

책 읽는 아이로 키우는 엄마표 독서 코칭

"뇌의 학습 역량이 진화하는 과정에서 독서 행위는 결코 자연 발생적인 현상이 아니다. 바로 그러하기에 많은 사람, 특히 아이들에게 놀라운 일이 일어나기도 하고 비극적인 결과가 초래되기도 하는 것이다."

미국 신경심리학자 매리언 울프(Maryanne Wolf)의 저서 《책 읽는 뇌》에 나오는 글귀다. 독서는 선천적인 능력으로 타고나는 것이 아니라, 인류가 발명한 최고의 결과 중 하나라고 말하고 있다. 또 뇌의 특징인 가소성으로 문명과 개인의 지적 능력이 발달했으나, 다양한 환경과 여러 이유로 개인의 성장 결과는 사뭇 다르게 나타난다.

그렇다면 잠자기 전 아이에게 읽어주는 책은 어떤 것이 좋을까? 누군가의 이론을 무조건 따르기에 앞서 엄마가 먼저, 편안하게 눈을 감고 생각해보자. 자기의 경험과 아이의 눈높이에서 유추해보면 답이 나올 것이다. 상상력과 안정감, 바른 인성을 가질 수 있는 책이면 금상첨화다.

책의 종류에는 크게 문학, 비문학으로 나눌 수 있다. 문학은 사전적으로는 사상이나 감정을 언어로 표현한 예술 또는 그런 작품을 일컫고 시, 소설, 희곡, 수필, 평론 등이 있다. 현실에서 있을법한 이야기를 상상해서 쓴 글이다. 반면 비문학은 문학이 아닌, 객관성에 근거해서 쓴 글로써 신문 기사, 칼럼, 논문, 보고서가 있다. 두 종류 중 아이의 편안한 잠자리를 위한 책은 당연히

문학책일 것이고, 그중 이야기가 전개되는 동화를 선택해보자. 어릴수록 인성이나 인물과의 공감을 불러일으킬 수 있는 전래 동화, 창작동화, 명작동화 순서로 읽어주기를 권한다. 단, 아이가 스스로 책을 선택할 수 있는 나이가 되었을 때는 규칙을 정하고, 아이에게 책을 선택할 기회와 책임을 주도록 해야 한다. 그렇게 자기 독서를 주도적으로 이끌어가며 책에 대한 흥미와 자존감까지 키울 수 있는 훈련이 된다.

 영국의 심리학자 애릭 시그먼(Eric Sigman) 박사가 영국 10세 미만의 아이들을 대상으로 잠자리 독서 여부 조사한 결과 90%가 시행하고 있는 것으로 나타났다. 시그먼 박사는 아이가 잠들기 전 책을 읽어주는 것은 아이에게 정서적 안정과 휴식을 주고 한 세대에서 다음 세대로 가치 도덕을 전하는 중요한 방법이라고 잠자리 독서의 중요성을 강조하고 있다.

 사랑하는 우리 아이가 잠들기 전 10~20분 정도면 충분하다. 물론 영유아라면 단 5분 정도만 활용해보자. 엄마의 목소리를 들으며 잠자리에 드는 아이는 세상 누구보다 안정적이고, 편안한 마음을 가지며 잠들 수 있다. 이 습관이 가져올 놀라운 일을 아이가 자라며 느끼게 될 것이라 확신한다. 엄마의 목소리로 잠이 드는 아이들은 이야기에 집중하며, 희망이 넘치는 마음으로 상상의 세계로 여행을 떠나며 곤히 잠이 들 것이다. 훌륭하게 자랄 아이를 상상하며 미루지 말고, 시작해보자.

아이와 나누는
독서 대화

"하영아, 안녕!"

"……."

월요일 수업 시작이 되자 일등으로 등원한 초등학교 2학년인 하영이 표정이 좋지 않다. 평소에 큰소리로 인사를 잘 하지는 않지만, 늘 생긋 웃어주는 친구인데, 그날은 뾰로통한 표정으로 눈도 마주치지 않는 것이다. 슬쩍 하영이에게 책 한 권을 건넸더니 금세 집중해서 읽기 시작했다. 내가 하영이에게 권한 책은 미국 작가 존 무스(Jon J. Muth)의 액자식 그림책《달을 줄 걸 그랬어》다. 이 책은 동양에서 오랫동안 내려온 우화인데, 불교와 도교의 가르침을 담고 있다. 주제는 욕심, 중용, 집착에 대한 것이라, 지난 일로 속상한 마음을 담고 하루를 보낼 하영이가 이 책을 읽는 동안 마음에 평정심이 찾아오기를 기대했다. 다행히 하영이는 책을 다 읽은 후에는 표정이 예전처럼 편안해졌다.

"하영아, 이 책은 선생님이 좋아하는 책 중에 다섯 손가락 안에 들어가는 책이야. 우리 하영이도 재미있게 봤니?"

미소가 예쁜 하영이는 살짝 웃으며 재미있었다고 한다.

"책 속 이야기가 총 3편인데, 어떤 것이 제일 재미있었는지 물어봐도 될까?"

이렇게 시작된 이야기는 한참 동안 이어졌고, 그러는 사이 하영이는 학교에서 어떤 남자친구에게 놀림을 당해 속상했던 이야기까지 책 이야기와 함께 풀어낸다. 책이 주는 마음의 정화가 일어나는 순간이었다. 독서 대화는 책을 매개체로 이야기를 나누기 때문에 자신의 감정을 조금 더 객관화할 수 있는 시간이다.

하지만 유의해야 할 점이 있다. 학습적으로만 접근하지 말아야 한다. 독서는 많은 장점이 있다. 독서 과정을 통해 집중력, 상상력, 인성, 소통 공감, 문해력, 두뇌 계발 등을 향상하는 등 셀 수 없을 만큼 많은 장점이 있다. 그래서 독서 과정에 가치를 더할 필요가 있는데, 일부 엄마나 교사들이 학습적으로만 접근하려는 경우가 있다. 그래서 독서를 끝낸 아이에게 주인공은 누구며, 줄거리는 무엇인지 등 책 정보에만 집중해서 질문을 던진다.

엄마나 교사는 아이의 입장으로 생각해보자. 아이는 책을 읽으며 감동하고, 상상의 세계로 여행하며 마지막 책장을 덮었을 것이다. 그 순간 엄마는 아이가 마지막 페이지를 다 읽기를 기다렸다는 듯이 책 내용 중 사실만을 확인하는 질문 공세를 퍼붓는다면 아이가 느낄 마음은 어떨까? 과연 다음 독서에 대한 기대감이나 흥미가 생길까? 물론 사실적인 이해가 중요하지 않다는 것이 아니다. 내가 말하고자 하는 것은 질문에도 우선순위가 있다는 것을 잊어서는 안 된다는 것이다. 열린 질문을 통해 아이 스스로가 주제를 느끼고, 책에서 주는 메시지를 느끼는 것이 우선이어야 한다.

제일 먼저, 아이에게 아이가 읽은 책에 대해 엄마로서 함께 공감하는 태도를 보여주자. 이런 과정에서 아이와 함께 통하는 부분에서는 소름이 돋을 정도로 짜릿한 교류가 일어나는 소중한 순간을 눈치챌 것이다. 그런 일들이 자주 일어나게 되면 아이와의 관계는 물이 큰 바다로 흘러가듯 자연스럽게 서로의 신뢰가 돈독하게 쌓일 수밖에 없다.

명심해야 할 첫 번째 마음은 확인이 아니라 공감이다. 공감은 엄마의 솔직한 마음을 아이와 나눌 때 가능해지는 것이니, 책을 읽고 엄마의 생각과 느낌도 아이에게 나눌 수 있는 용기가 있어야 한다. 지금부터 엄마는 아이와 함께할 책을 읽고, 자신이 느낀 마음을 들여다보며 정의를 내려 아이와 진솔한 대화를 시작해보도록 하자.

다음으로 엄마는 아이의 독서에 대한 감상을 존중하는 자세를 가져야 한다. 독서는 책을 읽고자 하는 이의 마음 에너지가 책을 고를 때 전달되며, 책 속 이야기는 읽는 이의 마음 상태에 따라 다양한 빛깔로 파생되는 과정을 거친다. 즉, 자기 스스로는 알아채지 못한 감정의 에너지가 책을 선택하는 데 상당한 영향을 끼친다. 그 결과 같은 책을 보더라도 각자의 해석과 주제 의식이 달라질 수 있다는 것이다. 엄마가 아이와 의식의 흐름이 한 방향으로 흐르는 것이 아니라는 것을 인식하고, 독서에 대한 감상에 정답을 정해놓고 아이와 대화하는 것이 무엇보다 주의 해야 할 사항이다.

마지막으로 엄마는 아이에게 책을 친구처럼 친근하게 대하는 모습을 보여주자. 독서는 그 자체로 즐거워야 한다. 아이는 책을 친구로 인식하고, 책을 펼치면 놀이터에서 또래들과 신나게 노는 듯한 감정을 느낄 수 있다.

"키득키득, 우리 아빠도 이럴 때 있는데……."

백희나 작가의 《알사탕》을 보던 초등학교 2학년 아이가 뜬금없이 중얼거린다. 이 책의 내용은 주인공 아이 동동이가 알사탕을 먹는 중에는 물건이나 사람 등 다양한 존재들의 마음을 알게 된다는 이야기다. 알사탕을 먹으며 동동이가 듣게 되는 마음의 소리는 소파, 강아지, 아빠, 할머니 등이다. 마지막에는 새로운 친구랑 사귀기 위해 용기를 내는 동동이의 모습이 나온다.

살며시 아이 곁에 다가가 보니, 주인공 동동이가 아빠의 방귀 때문에 힘들다며 투덜거리는 소파의 마음 소리를 듣는 장면을 보고 있던 참이었다. 그 장면에서 자신의 아빠를 떠올리며 자기 이야기도 동화 속 한 장면이 되고 있었다. 이럴 때 아이가 책을 보며, 주인공 동동이도 자기 친구가 되고, 책 속 아빠를 통해 자신의 아빠 마음도 알게 되는 계기가 되지 않을까? 결국 책이 나의 소중한 보물 중 하나가 되어 가슴 속에 자리하고 있음을 예상할 수 있다.

이런 일이 일어난 후에 엄마는 아이와 독서 대화를 조금 더 이어가본다면 엄마의 마음을 전하는 것부터 시작하면 된다.

"엄마가 동동이라면, 놀이터에서 만난 친구에게 먼저 인사를 할 것 같은데, 어떻게 인사하면 친구가 될 수 있을지 좋은 방법을 알려줄 수 있겠니?"

"엄마는 아빠 마음을 들을 수 있는 알사탕을 먹고 싶어. 너는 무슨 알사탕을 먹고 싶니?"

아이가 여러 말을 할 수 있는 질문을 해 대화를 이어가도록 해야 한다. 이런 질문은 아이의 대답 통로를 다양하게 줄 수 있는 질문이다. 절대 단답형 대답만 나올 가능성이 있는 폐쇄형 질문은 피해야 한다. 엄마의 마음이 앞서서 아이에게 정답이라고 느끼는 것을 주려고 하지 말아야 한다.

아이의 의견을 조금 더 열린 마음으로 들으려고 해보자. 평가자가 아닌 아이의 생각을 이해하려는 마음을 먼저 갖도록 하는 것이 그 어떤 것보다 중요한 대화 방법이다.

2021년 교육정보 커뮤니티 '맘앤톡'을 통해 학부모 '자녀와의 대화'를 주제로 설문조사를 실시한 결과를 보면, 참으로 안타까운 생각이 든다. 10명 가운데 6명 이상의 학부모가 자녀와 대화시간이 하루 평균 1시간이 채 되지 않는 것으로 조사되었다. 10~19세까지 아이들은 사춘기 시절을 보내게 된다. 이때 아이들의 뇌는 '감정의 뇌'가 '사고의 뇌'보다 먼저 발달하는데, 그 결과 충동적, 공격적인 행동을 보이기도 한다. 더 나아가 다양한 문제행동을 보이며 감정에 따른 보상과 만족을 추구하는 경향을 보이는 행동이 나타난다. 이때 아이와 대화가 단절된다면 부모와의 갈등의 골은 더 깊어질 수밖에 없다.

어느 날 갑자기 아이와 공감대를 형성하는 것이 결코 쉬운 일은 아니다. 하지만 아이의 정서적 뿌리라 할 수 있는 엄마의 역할과 노력이 있다면, 아이와 긍정적인 대화를 끊임없이 할 수 있다. 책은 객관적이며 이야기와 주제가 풍성하게 담겨 있다. 아이의 마음 상태를 왜곡하지 않고 긍정으로 이해할 수 있는 독서 대화를 시작해보자. 그런 시간이 모여 아이가 사춘기를 지나, 성인이 되어도 엄마와 꿈을 나누며 서로를 존중하는 관계로 계속 발전할 수 있다.

책 읽는 아이로 키우는 엄마표 독서 코칭

03 책과 노니는
거실

　거실이란 가족이 일상 모여서 생활하는 공간을 일컫는다. 그
만큼 집에서 거실이라는 공간이 주는 의미는 크다. 몇 년 전부
터 거실에 TV를 없애고, 책장과 책상을 놓고 작은 서재로 꾸미
는 가정이 유행처럼 번진 적이 있었다. 그런데 최근 코로나19
유행 이후로 독서력의 양극화가 심해진 것처럼 가정에서 책을
직접 구비해 독서환경을 만들어주는 일도 양극화 현상이 있는
듯하다. 거실을 책으로 가득 채우는 집, 미니멀라이프 실천으로
집기를 포함해 책을 깔끔하게 보이지 않게 정리하는 집이 있다.
　미니멀라이프란 물욕을 최소화하며, 자신에게 집중하는 삶을
살아가는 방식을 말한다. 자신의 절제를 바탕으로 한 철학적인
생각을 담고 있는 삶을 추구한다는 해석이 가능하다. 이런 삶은
집에서의 일도 간소화하는 효과를 기대할 수도 있을 것이다. 그
렇다면 자녀를 키우고 있는 가정에서는 어떤 기준으로 어디까지

이런 방식을 가져야 할지에 대해서 깊게 고민해볼 필요가 있다는 생각이 든다. 이러한 간결한 삶이 장점으로 이어지기 위해선 적용해야 할 것과 하지 말아야 할 것을 판단할 수 있어야 한다.

나는 개인적으로 오래전부터 미니멀라이프를 지향해왔다. 사람들의 집중력, 재정, 환경 등을 생각해본다면 간소화된 삶은 긍정적이다. 특히 학원에서 아이들을 만나며, 미니멀라이프를 실천했으면 하는 일이 있다. 초등학교 5학년만 지나도 여학생들의 필통은 커지고, 문구류가 꽉 차는 경우가 많다. 필통을 열어보면 같은 볼펜이 여러 개, 각양각색의 필기구들로 가득 차 있다. 심지어 꽤 무거운 무게임에도 필통을 두세 개씩 들고 다니기도 한다. 이뿐만 아니라, 초등학생, 중학생의 물건들이 넘칠 정도로 많다는 생각이 들고는 한다. 그로 인해 소중하고 감사한 마음을 잘 느끼지 못하는 아이들을 보면 다소 아쉬운 심정이 들기도 한다. 이뿐만 아니라 우리가 생활하다 보면 곳곳에 간소화가 필요가 있는 곳이 많다.

거실도 먼지 한 톨 날리지 않는 모델하우스 거실처럼 인테리어를 꾸민 집도 많은 편이다. 예전처럼 아날로그 방식으로 인식할 수 있는 종이책만 존재했던 시대와는 다를 수도 있다. 디지털 시대에 종이책이 아닌 전자책이나 온라인을 통한 독서 등 다양한 형태로 변화된 요인도 한몫하고 있는 양상인데, 그런 현상을 짐작해볼 수 있는 통계가 있다.

우리나라 독서율이 워낙 저조한 점을 감안해도, 책값은 매년 오름에도 불구하고, 월평균 책 지출비용은 특정 연령대에서는 계속 하락하고 있다. 이와 같은 현상은 특히 20~30대에서 많이 나타나고 있는데, 어릴 때부터 제대로 독서 습관을 해야 함을 여실히 느낄 수 있다.

"독서 습관을 들이는 교육 투자가 사회 전체를 잘살게 합니다. 한국 사회가 지금 책 읽기 운동을 펼친다면 미래 GDP 상승으로 반드시 보상받게 될 것입니다."

베스트셀러《책 읽는 뇌》의 저자, 매리언 울프 교수는 〈조선일보〉와 진행된 전화 인터뷰에서 "많이 읽어야 성공한다"라고 말했다. 울프 교수는 책을 많이 읽는 아이는 독해력, 기억력, 추론, 창의력 등이 복합적으로 발달해 사회에 나가 성공할 확률이 높아진다고 강조했다.

독서능력은 뇌에서 저절로 발달할 수 있는 영역이 아니다. 옳은 습관을 토대로 꾸준한 행동의 결과로 나타난다. 그래서 가정에서 독서가 늘 일상이 될 수 있도록 외적, 내적 환경을 만들어 끊임없이 동기부여를 해야만 독서 습관을 들일 수 있다는 것을 잊지 말아야 한다. 오랜 시간 지속적, 반복적 환경을 만들기에 좋은 적소는 가족이 편안한 생활을 공유하는 거실이 가장 안성맞춤이다. 거실을 서재로 만들면 미니멀라이프 대신 최대의 효과를 낼 수 있는 사고력 향상을 위한 맥시멈 공간이 연출될 수 있다는데 의심하지 않는다.

아이를 가진 엄마는 거실에 서재, 책을 이용한 놀이터 공간을 만들 용기를 내야 한다. 비록 자신의 성향과 다소 차이가 나더라도, 길어야 20년일 테니 아이의 독서교육으로 크게 성장할 아이를 상상하며 거실 공간을 마음껏 펼쳐줘야 할 것이다. 결심이 끝나면 몇 가지 방법을 참고해서 실행에 옮겨 보자.

첫째, 독서환경의 중요성을 깨닫자. 책을 읽어야 하는 내적 동기만큼 외적 환경이 미치는 영향도 클 수밖에 없다. 쉽게 이해를 돕자면 도서관이나 서점만 가더라도 사람들이 책 삼매경에 빠진 것을 쉽게 볼 수 있지 않은가?

둘째, 다양한 책이 많아야 한다. 우리는 태교를 목적으로 책을 구매하기 시작해 아이의 성장에 맞춘 책을 준비하게 된다. 아이 첫 책인 그림이 많은 그림책부터 점점 이야기를 중심으로 한 책으로 옮겨 간다. 아이가 자랄 때 필요한 학습 도서도 갖추게 될 것이다. 이때 유의할 것은 아이가 자라 어릴 때 봤던 그림이나 사진이 많은 책을 함부로 버리는 경우가 많은데, 주의해야 할 부분이다. 아이가 자라며 자기가 봤던 책과 애착 관계를 형성하기도 하고, 시간이 지나 다시 책을 펼치면 깊은 안도감을 느끼기도 한다. 또 이런 책들은 단계가 높은 책을 볼 때 훌륭한 자료집이 되어준다. 책은 태아 때부터 고등학교 입학할 때까지 필요한 책을 구비해 언제든지 찾아볼 수 있는 환경을 만들어주자.

셋째, 독서 습관을 위해서는 책을 읽을 때 반드시 책상에 반

책 읽는 아이로 키우는 엄마표 독서 코칭

듯한 자세로 앉아 읽어야 한다는 생각을 버리자. 책은 어디에서 나 손을 뻗어 쉽게 닿을 수 있는 곳곳에 두어도 된다. 책은 식탁 위, 침대 옆, 소파, 의자 위 등 심지어 화장실에서도 봐야 할 책 이 놓여 있도록 해야 한다. 얼마 전 동료 선생님이 미국에 사는 동생네에 한 달 정도를 보내고 와 들려준 이야기를 듣고 부러운 생각이 많이 들었다. 선생님의 조카는 모두 4명이고, 한두 살 터 울이 있어 그야말로 모든 것이 독립적으로 수행해야 할 환경에 놓여 있었다는 걸 알 수 있다. 인상 깊었던 부분은 책을 바닥에 두어, 뒹굴뒹굴 놀다가도 책을 보고, 각자 편한 곳에서 자유롭게 언제든 독서를 즐기는 분위기였다는 것이다. 아이가 공부나 결 과를 내기 위한 일을 할 때는 바른 자세로 수행하는 것이 중요 한 것일 테다. 하지만 독서 습관은 우리가 숨을 쉴 때 공기를 마 시듯이 자연스럽게 몸에 익숙해지도록 해야 한다.

넷째, 책장에 책을 정리할 때 아이의 눈높이에 맞춰보자. 아이 에게 어떤 책을 골고루 읽기를 말하기 전에 아이가 스스로 책을 뽑아 읽을 수 있는 위치에 맞춰 책을 정리해 두자. 대형마트에 서 진열대에 상품을 진열할 때 고객이 편하게 볼 수 있는 위치 에 전략상품을 진열한다. 또는 사람의 시선이 왼쪽에서 오른쪽 으로 이동하는 습관에 맞춰 상품을 배치하는 것들도 상품 판매 를 위한 전략이다. 이처럼 아이의 성장단계에 맞춘 도서나 필요 도서를 읽기 원한다면 책장의 높이를 잘 활용하자.

마지막으로 책을 좋아하는 아이로 만들고, 아이의 독서 습관을 기를 때 제일 효과가 있었던 방법이 있다. 그건 책을 놀잇감으로 만들어 거실에서 마음껏 놀아보는 것이다. 이런 방법이 좋은 이유는 아이가 책을 단순히 평면적이고 재미없는 존재가 아니라, 입체적이고 재미있는 도구가 된다고 느낄 수 있기 때문이다. 아이는 어른보다 책 속으로 몰입하는 경우가 많아, 책 이야기를 굉장히 소중하게 여기는 경우가 많다. 이런 책을 가지고, 함께 놀 수도 있으니 아이에게는 어떤 것보다 더 흥미로울 수 있다. 방법으로는 책 쌓기 게임, 책을 이용한 도미노 게임, 책으로 아지트인 성을 만들 수도 있다. 층간소음이 걱정이 없는 집이라면 허들 달리기 경주도 권한다. 성장단계에 맞춰 게임을 해보는 것이 좋다. 색깔 공부, 모양 찾기, 어휘 공부 등을 집에 있는 책으로 재미있게 즐길 수 있다.

이 글을 읽는 내내 상상해보기를 바란다. 그리고 상상으로 끝내지 말고, 지금 아이와 거실에서 가족들이 모여 게임을 해보기를 강력히 권한다. 아이의 웃음소리와 엄마의 즐거운 소리가 아름다운 화음이 될 것이다. 독서 습관은 엄마와 아이가 스트레스를 받으며 하는 것이 아니다. 엄마, 아빠가 조금만 자신들이 지금껏 살아오면서 만들어진 기준, 습관, 잣대를 내려놓아야 한다. 금세 자라 독립할 아이의 미래를 위해 조금 지저분해보일 수도 있고, 아이의 책 읽는 자세가 마음에 안 들 수도 있을 것이다. 하지만 거실에서 가족들과 자유롭게 독립적으로 성취된 독서 습관은 아이를 무한한 미래의 주인공으로 인도할 것이다.

책 읽는 아이로 키우는 엄마표 독서 코칭

04

반려북
키우기

'반려'라는 말은 사전적 의미로 짝이 되는 친구다. 최근 한 TV 프로그램에서는 다양한 동물들과 주인이 함께 하는 모습을 방영하고 있는데, 프로그램 이름이 〈단짝〉이었다. 반려라는 말이 바로 그 단짝을 뜻한다. 예전에는 반려자로만 쓰였는데, 요즘은 그 대상과 범위가 확대되어 사용된다. 주로 반려견, 반려묘, 반려동물, 반려식물 등에 붙여주는 경우가 낯설지 않게 느껴진다. 자신이 애정을 쏟는 대상에 함께 삶을 공유하고자 하는 마음이 많이 담겨 있음이다. 나와 평생을 함께하며 나의 위로와 가치와 꿈을 발견하게 한 책이 나의 반려 대상이다. 그래서 '반려북'이라고 이름 붙이고, 아이를 키우는 엄마들에게도 함께하고자 권하고 있다.

누구에게나 평생 간직하고픈 책이 있을 것이다. 책이 내 곁에 있다는 것만으로도 그 책을 처음 만났던 순간으로 빨려 들어갈 것이다. 책장을 한 장씩 넘기며 웃기도 하고, 상상의 나래를 펼치기도 했으며, 때로는 눈물을 흘리며 감정을 쏟아내기도 했을 그런 책이 있을 것이다. 그런 책을 반려북으로 받아들이는 순간 그 책은 숨을 쉬며, 고귀한 생명이 되어 우리에게 생명의 씨앗을 나눠줄 것이다. 지금부터 엄마와 아이가 함께 반려북을 정성껏 키워보는 것은 어떨까?

세계적으로 성공한 사람이나 우리에게 잘 알려진 위인들은 하나같이 독서광인 경우가 많았다. 그들에게 영감을 준 책을 살펴보면서 반려북이 갖춰야 할 조건에 대해 생각해봐도 좋을 거 같다.

우선 법정 스님의 책 추천서《법정 스님의 내가 사랑한 책들》에 나오는 50편의 도시 중 내가 좋아하고, 우리 아이들이 꼭 함께 읽기를 원하는 3편을 적어보겠다. 열정을 본받은 책 빈센트 반 고흐(Vincent Van Gogh)의《반 고흐, 영혼의 편지》, 생명을 소중함을 깨닫게 한 위대한 이야기인 장 지오노(Jean Giono)의《나무를 심은 사람》, 지혜로운 아버지의 애끓는 사랑을 느끼게 하는, 정약용의 저서《유배지에서 보낸 편지》다.

다음은 마이크로소프트를 창업한 빌 게이츠(Bill Gates)의 인생 책이다. 그는 지금도 매년 50권 정도의 책을 열정적으로 찾아 읽고 있다고 할 정도로 독서광으로 유명하다. 게이츠는 〈타임〉과 인터뷰할 때 자신의 인생을 바꾼 책 2권을 꼽았다. 제롬 데이비드 샐린저(Jerome David Salinger)가 지은《호밀밭의 파수

꾼》과 F. 스콧 피츠제럴드(Francis Scott Key Fitzgerald)의 장편소설《위대한 개츠비》다.

이어서 테슬라 창업주 일론 머스크(Elon Musk)의 반려북이다. 그는 성공한 기업가들의 자서전, 전기를 즐겨 읽는다고 한다. 그도 그럴 것이 '니콜라 테슬라(Nikola Tesla)'를 존경해 그의 이름을 자신의 회사 이름으로 지었을 정도로 테슬라에게서 큰 영감을 받았음을 짐작할 수 있다.

마지막으로 우리나라 배우 이순재다. 그는 천생 배우의 모습답게 희곡 분야의 책을 즐겨 읽는다. 그가 젊은이들에게 추천하는 도서는 중국의 고전《삼국지》와《수호지》다. 그것을 고른 이유는 좋은 책은 세월이 흘러 오랜 시간이 지나도 의미가 있고, 모두가 수긍할 수 있는 이야기가 담겨 있기 때문이라고 한다.

몇 명의 유명인들이 사랑하고 아끼는 책에 대해 알아본 것처럼 엄마와 아이도 반려북을 키워야 한다. 그건 앞으로 삶을 살아갈 때 캄캄한 밤과 같이 어둠이 마음속에 자리할 때 밝은 등불이 되어줄 것이라 확신한다.

나에게 있어 반려북은 권정생 저《강아지 똥》, 프란츠 카프카(Franz Kafka) 저《변신》, 위다(Ouida) 저《플랜더스의 개》, 복거일 저《비명을 찾아서》가 있다. 이 책들이 나의 반려북이 된 사연들은 각각 다양하지만, 공통적인 요소는 아름다움과 깨달음이었다. 이 중 하나만 나와의 인연을 소개해보자면, 내가 독서지도사가 되어 처음 만난 작품《강아지 똥》은 자존감이 낮았던 나에게 생명의 존귀함을 깨닫게 함과 동시에 나의 내면을 스스로 존중하는 자세를 갖게 한 책이다. 오랜 시간이 지났지만,《강아지 똥》은 내 삶과 함께 존재하고 있다. 10여 년 전 지적장애를 겪는 여성들을 대상으로 한 문학치료 프로그램을 진행할 때도 이 책은 그들에게 자존감을 높여주는 역할을 톡톡히 해냈다.

혹시 아이가 읽었던 책을 반복해서 보고자 하지 않는가? 또는 아이가 잠잘 때 꼭 찾는 책이 있지는 않은가? 마치 애착인형, 애착이불처럼 애착을 가지는 책이 있는지 꼼꼼하게 살펴보자. 우선 그런 책부터 반려북으로 인정해보자. 엄마는 아이가 그 책을 보면 어떤 느낌이 들고, 무엇이 좋은지 아이의 마음을 살펴 깊게 공감해보는 것이 긍정적인 효과를 준다. 아이는 성장하면서 조금씩 다양한 책으로 선택의 폭을 넓혀갈 것이다. 여기서 제일 중요한 것은 엄마가 아이의 의견을 존중해주는 자세다. 그리고 특별한 책장 칸을 지정해 그곳에 반려북을 꽂아 보게 하는 것도 아이에게 만족감을 주는 방법이 될 것이다.

"선생님, 저 이번에도 이 책 읽어도 되나요?"

초등학교 5학년인 이 아이는 벌써 몇 번째 같은 책을 반복해 읽고 있다. 물론 연속적으로 읽는 것이 아니라 다른 몇 권의 책을 읽은 다음에는 꼭 그 책을 찾아 읽는다. 때로는 수업 시간에 자신의 진도에 맞춰 수행해야 할 수업이 끝나고, 자투리 시간이 남으면 꼭 그 책을 잡고 자유 독서를 즐긴다. 또 6학년이 된 여자아이는 수업 시간 중 쉬는 시간만 되면 2년째 같은 책을 집어든다. 5분 정도 주어진 휴식 시간에도 쉼 없이 그 책을 찾아 빠르게 읽는다. 조금 더 애착이 가는 책은 꼭 책을 사서 집에 간직하고 있는 아이도 있다. 이런 행동을 하는 아이들은 자기의 마음을 안정시킬 뿐 아니라, 따뜻한 온기를 품은 사람으로 자랄 것이다. 왜냐하면 책이 주는 가치를 충분히 자신의 것으로 받아들이고, 깊게 공감하며, 소중하게 지키려는 내면의 성장이 있었기 때문이다.

"좋은 책을 처음 읽을 때는 새 벗을 얻는 것 같고, 전에 정독한 책을 다시 읽을 때는 옛 친구를 만나는 것과 같다(A. 스미드)."
"좋은 책은 좋은 친구와 같다(생피에르)."

책에 대한 명언에서도 알 수 있듯이, 책은 시대를 불문하고 많은 사람에게 좋은 친구가 되어 왔고, 인생에서 함께 가야 할 존재임에는 틀림이 없다.

우리가 반려북을 선택할 때 무엇을 기준으로 하면 좋을지 고민하게 될 것이다. 다양한 책이 매일 엄청나게 쏟아지고 있다. 2020년 기준 한해 출판된 책이 대략 6만 여권이 넘는데, 이것을 하루로 나눠보면 약 200권이 넘는 숫자다.
엄마는 아이를 위한 책 선정의 기준을 명확하게 정해놓을 필요가 있다. 아이가 어릴수록 책을 선정할 때 어려움이 따를 수 있다. 그러나 지나치게 권장 도서에 의존하기보다는 직접 서점이나 도서관을 찾기를 권한다. 처음에는 어떤 책이 유익하고 잘된 책인지 구분이 잘 안 되는 것이 당연한 이치다. 하지만 책을 많이 접하고, 책과 친밀한 관계를 맺고자 노력하다 보면 보석같이 반짝이는 책들과 인연을 함께 할 수 있게 될 것이다. 남이 권하는 책은 참고로 하고, 책을 보는 안목을 높이도록 책 환경에 자신을 노출시켜보자. 이런 과정이 모여 자신과 아이에게 어떤 영향을 줄 수 있는지 알게 될 것이다.

반려북은 따뜻한 그림과 글 속에 호기심을 자극하는 장치가 되어 있을 수도 있고, 공감 가는 이야기로 가득 차 있어 마치 나에게 말을 건네 위로를 주는듯하다. 엄마와 아이가 함께 반려북을 많이 만들어가기를 진심으로 바란다. 우리가 살아가며 외로움이라는 벽에 부딪히거나 실패로 인한 좌절의 늪에 빠질 때, 우리에게 다가와 토닥토닥 등을 쓰다듬어 주며 위로의 말을 속삭일 것이다.

"넌 나의 소중하고 귀중한 친구야!"
"괜찮아, 넌 존재 자체만으로도 빛이 나는 사람이야!"
"수고 많았어, 잠시 쉬었다 다시 도전하는 거야!"

책 읽는 아이로 키우는 엄마표 독서 코칭

05

작은 도서관으로 떠나는 독립여행

"오늘의 나를 만든 건 마을의 도서관이었다."

마이크로소프트를 창립한 빌 게이츠의 도서관 예찬 명언이다. 흔하게 들어본 말이지만, 나에게 있어 도서관을 상상하고, 중요성을 알리기에 이보다 더 좋은 말을 아직 찾지 못한 탓에 오랜 시간 동안 인용하고 있다.

나는 도서관이 흔하지 않았던 시대에 학창 시절을 보냈다. 또 공공도서관이나 학교 도서관이 가진 의미는 공부를 조용히 할 수 있는 공간이라는 인식이 더 팽배했던 시절이었다. 당연히 다양한 책들로 넘쳐나는 오늘날의 모습과는 사뭇 다를 수밖에 없었다. 가난한 시절이었기에 늘 책에 갈증을 느끼며 보냈던 시기이기도 하다. 자신이 사는 작은 마을에 도서관이 있고, 그곳에서 마음껏 책을 읽을 수 있다면 어떤 느낌일까?

나는 10살쯤에 영국의 추리 소설가 아서 코난 도일(Arthur Conan Doyle)이 쓴 탐정소설《셜록 홈스》를 읽은 이후부터 책을 읽으며 상상하는 재미에 푹 빠지게 되었다. 그 이후 동화책과 사랑에 빠졌고, 책을 읽고 싶은 욕구는 더 강렬해졌다. 그러나 독서 욕구를 충족하기에는 턱없이 부족한 환경이었다. 간절함이 통했을까? 책에 대한 욕구가 옆집에 살던 영란이라는 친구를 통해 해결되었다. 나는 형제자매가 많은 집의 막내딸이어서, 원하는 것을 부모님께 요구하는 것은 어림도 없는 일이었다. 반면 영란이 부모님은 맏이인 친구에게 교육과 관련한 투자를 많이 해주셨다. 그 시절 전교생 4,000명이 넘는 초등학교에서 피아노학원에 다니는 아이는 대략 2~3명 정도였는데, 내 친구 영란이가 그중 한 명이었다. 내가 그 친구를 가장 부러웠던 것은 피아노나 부모님의 관심이 아니라, 지금 생각해도 가슴이 콩닥콩닥 뛰게 했던 명작동화전집이었다. 친구의 새 책을 빌려, 친구보다 먼저 명작동화전집을 다 읽었다. 오늘날로 보면 친구 집이 내게는 마을 도서관 역할이었던 셈이다.

내가 어린이였던 그때는 국가, 가정, 국민이 가난했던 시절이라 공공도서관이나 학교 도서관 책장에는 오래되어 색깔이 날리고 낡고 닳아 너덜너덜해진 몇 권의 책만이 이빨 빠진 옥수수처럼 듬성듬성 꽂혀 있을 뿐이었다. 그 당시 도서관은 책과는 무관한 지금에 열람실, 독서실 같은 공부방 같은 곳이었다고 해도 과언이 아니다.

책 읽는 아이로 키우는 엄마표 독서 코칭

오늘날 도서관은 그야말로 새로운 문화를 주도하기에 충분한 공간이 되었다. 2022년 통계청 자료를 보니 우리나라 공공도서관 개수는 1,236개 관이고, 학교 도서관은 초, 중, 고등을 합쳐 총 11,813개 관이 있다. 우리 마을에 가까이 있는 작은 도서관은 무려 6,899개 관이다. 개수도 많지만, 눈여겨볼 점은 예전과 달리 세상의 이야기와 지혜를 담은 양서들로 가득 찬 보물섬 같은 곳이다. 더불어 도서관은 주민의 평생교육기관의 역할까지 수행하고 있어, 도서관을 중심으로 양질의 배움까지 이어갈 수 있는 공간으로 자리매김하고 있다. 아이를 키우는 엄마는 아이와 함께 사회 문화와 역사를 만나고, 꿈을 심어줄 수 있는 도서관을 최대한 활용하기를 권한다.

아이들은 만 2세가 지나면서 독립적이고 자율적인 행동을 보이기 시작한다. 떼를 쓰기도 하고, 고집을 피워 주변인을 난처하게 만들기도 한다. 이때부터 엄마는 아이가 스스로 주도성을 가지고 행동할 수 있도록 노력해야 한다. 가장 편하게 보육하는 방법은 자아를 드러내기 시작하는 아이를 어르고 달래거나 혼내는 방식으로 엄마의 의도대로 따르게 하면 된다. 아이의 실수로 인한 불편함이나 아이에 대한 불안감을 안도감으로 바꿀 방법은 엄마나 아빠가 아이의 경험을 기다려주지 않고 앞서 해결해주는 것이다. 즉, 아이를 누구보다 순종적이고, 엄마에게 의존하는 아이로 자라게 하면 된다.

그런데 이런 성장을 원하는 엄마는 없을 것이다. 아이가 성장하며 당연히 일어날 수 있는 문제 상황을 숨기고, 부모가 사랑이라는 이름으로 해결하려고 든다면 다음에 일어날 일은 어떻게 해결할 것인가? 아이가 성장하면서 끊임없이 엄마의 손길을 요구한다면 엄마는 어떤 상황에 놓일지 생각해보자.

엄마는 아이를 키울 때 용기를 내야 할 일이 많다. 특히 아이가 스스로 독립적인 행동을 할 때부터 엄마는 불확실성으로 자신이 만든 고민의 늪에 빠져 힘든 결정을 해야 할 때가 셀 수 없을 만큼 많이 찾아올 것이다. 나는 감히 말하고 싶다. 아이의 행동을 한 명의 인격체로 인식하고, 아이의 바른 선택을 위해 엄마가 몸소 보여줘야 할 부분을 당장 실천해봐야 한다고. 그것은 아이의 온전한 독립을 위해 아이가 엄마 품속에 있을 때, 차근차근 하나씩 실행해야 한다. 그 첫걸음이 아이를 책으로 가득 찬 공간인 도서관으로 여행을 가자는 것이다. 누군가의 열정과 꿈이 담긴 책들이 상상의 세계로 이끄는 도서관으로 독립여행을 시작할 시간을 주면 어떨까?

코로나19로 생겨난 새로운 생활방식이 많다. 그런 새로움을 추구하며 살던 사람들이 팬데믹이 끝나도 그 방식을 그대로 유지하는 것이 있는데, 그중 하나가 캠핑문화다. 캠핑카, 차박(여행 시 차에서 잠을 자고 머무는 것), 글램핑 등인데 주변을 둘러보면 아이가 어릴수록 부모들은 이 문화를 즐기고 있는 경우가 많이 보인다. 매주 주말이 되면 가족의 추억을 쌓아가는 모습이라 흐뭇한 마음이 들기도 한다.

책 읽는 아이로 키우는 엄마표 독서 코칭

초등학교 4학년 정재 부모님은 사회적 거리두기를 위해 글램핑을 하기 시작했는데, 최근에도 주말을 이용해 집 근교로 캠핑을 즐기고 있다고 한다. 정재 또래 때의 특성상 아직은 활발하게 장난을 치고, 호기심도 왕성할 때라, 캠핑장에서 무엇을 하며 지내는지 물어봤다. 나는 캠핑에 대한 로망이 있던 터라, 정재가 내심 자연에 대한 성찰까지는 아니어도 마음의 편안함을 느끼고, 부모님과 대화도 하고, 숯불로 구운 고기도 먹는 이야기도 할 것으로 기대했는데, 당황스러운 대답을 들었다.

"선생님, 전 캠핑이 재밌지는 않지만, 갈 때 차 안에서부터 게임을 할 수 있고, 캠핑장에 있는 내내 게임을 하는 게 좋아서 엄마를 따라가는 거예요."

수동적인 정재의 대답이 캠핑을 즐기는 모든 아이에게 해당하는 이야기는 아닐 것이다. 하지만 아이의 성장 시기에 맞춰 아이에게 본질적으로 무엇을 우선시해야 하는지, 아이에게 뚜렷한 목적과 방향에 대해 이해할 시간을 주고 있는지에 대한 말이다.
내가 하고자 하는 말이 캠핑에만 해당되는 것은 아니다. 아이는 성장하는 과정에서 다양성을 경험하고, 자기의 본질을 깨달아 가는 시간이 꼭 필요하다. 주말마다 캠핑장을 가듯이 규칙적으로 우리 아이가 스스로 도서관을 찾아가는 습관을 만들어보는 것은 어떨까?

아이가 처음부터 도서관을 혼자 가기는 쉽지는 않다. 먼저 엄마가 아이와 함께 도서관을 방문하는 시간을 정해놓고 가는 습관을 들이자. 도서관에 가서 시설을 즐겨보고, 책 고르는 방법, 도서관 예절을 자연스럽게 익히도록 도와주자.

다음은 아이에게 다양하고 풍성한 책을 보여주며 책과 친해지고, 책을 친근하게 느끼게 하자. 문학부터 사회, 과학, 예술 등 각양각색의 옷을 입듯이 알록달록 세상에 호기심을 자극한다. 아이는 책을 보면서 선택하고, 원하는 책을 대출하고 반납하는 과정을 통해 사회에 대한 자신감을 올릴 수 있다. 무엇보다 스스로 도서관에 가고, 자신이 무엇을 원하는지 경험하게 되며, 선택하고 즐기며 한층 성장한 자기를 인식하고 자신을 대견하게 여긴다. 그런 시간이 반복되면 아이는 책 속 세상에서 광활한 우주를 만나게 될 것이다.

도서관 여행이 주는 긍정적인 효과를 정리해본다면 첫째, 아이의 꾸준한 독서 습관을 키워진다. 상상해보자. 도서관 서가에 빼곡하게 꽂혀 있는 책을 보는 아이의 마음에 무엇이 자리할 것인지 말이다. 그 속에 다양한 사람들이 모여 책에 집중하는 모습을 본 아이들은 어떤 흥미로움을 느끼게 될지 생각해보자. 실제로 '도서관을 많이 이용할수록 독서량이 4배 이상 높다'라는 연구도 있다.

둘째, 넓은 세상으로 나갈 때 두려움이 자신감으로 변하는 놀라운 경험을 쌓는다. 따라오는 것은 높은 자존감일 것이다. 또

책 읽는 아이로 키우는 엄마표 독서 코칭

래보다 더 지적 탐구심이 커져 자신을 자랑스러워하는 마음을 느낄 수 있다.

아이의 첫 도서관 독립여행은 집에서 가장 가까운 거리에 있는 곳으로부터 시작하기를 권장한다. 작은 도서관이 될 수도 있고, 마을 공공도서관일 수도 있을 것이다. 책은 어른, 아이를 불문하고 새로운 설렘의 경험과 자기 만족감을 선사한다. 특히 지식과 정보, 문화와 예술이 버무려져 있는 도서관은 스스로 찾아가는 걸음에서부터 힘이 나고, 뿌듯한 내면 성장을 느낀다. 자신이 자기를 위해 지식이 가득한 보물창고로 가는 기쁨을 아이는 느낄 수 있으리라고 확신한다.

도서관은 인류 문명 발전의 원동력을 지니고, 개인의 영혼과 지적 가치를 높이는 장소다. 작가들이 글을 쓸 때 글 속에 한 개의 도서관이 들어간다는 말이 있다. 세상의 이야기와 풍부한 지혜가 담긴 책이 아이를 기다리고 있는 곳, 세상의 온갖 문화와 역사가 숨 쉬고 있는 도서관 여행을 떠나자. 아이는 아늑하고 안전한 도서관에서 자유로운 사유의 여행을 떠나, 풍성한 삶을 위한 뿌리를 단단히 내려 향기로운 꿈 열매를 맺을 것이다. 그런 상상이 이루어지는 곳이 도서관이다.

06 　　　　　　　　　　　　　# 자신감이 솟는
　　　　　　　　　　　　　# 서점 기행

　크리스마스 트리가 있고, 따뜻한 불빛이 흐르는 작고 따뜻한 서점에 카펫 위에 십여 명이 아이들이 둥그렇게 앉아 있다. 아이들에게 둘러싸인 여자 수인공은 서점주인으로 매주 수요일이면 아이들에게 책을 읽어주는 시간을 갖는다. 아이들의 눈은 호기심으로 반짝반짝 불빛보다 더 반짝이며 미소를 띠기도 하고, 박장대소를 하기도 한다.

　약 30년도 더 지난 오래전에 본 영화이고, 지금은 영화 제목마저 잊었다. 하지만 긴 영화에 아주 짧게 나온 이 부분이지만 아직도 머릿속에 생생하게 살아 움직이고 있다. 추운 겨울이었지만, 나도 그 영화 속 따뜻한 불빛 아래에서 꽁꽁 언 마음과 몸을 녹이는 따뜻함을 느꼈던 탓일까? 어렴풋이 나도 세상에서 작지만, 아이들이 옹기종기 모여 앉아 이야기를 들으면 행복해하는 서점을 가졌으면 하는 꿈을 꾼 계기가 된 영화다.

　　　　　　책 읽는 아이로 키우는 엄마표 독서 코칭

인터넷 서점의 편리성으로 오프라인 서점을 찾는 사람이 줄어들고 있다. 하지만 나는 서점만이 가진 고유한 특성을 느낄 수 있는 서점 기행을 적극적으로 추천한다. 특히 어린아이를 키우는 엄마라면 아이와 함께 꼭 정기적으로 서점을 방문하기를 부탁한다. 동네 서점이 줄어들고 있지만, 대형서점은 볼거리, 할 거리, 먹거리가 결합 된 양상을 보인다. 최근에는 '서캉스'라는 말이 생겼는데, 서점이지만 도서관처럼 책을 편하게 읽을 수 있는 공간이 마련되었다. 이런 다양함을 최대한 경험하면서 종이를 넘길 때마다 감촉과 책에서 풍기는 지성인의 향연을 즐겨보기를 바라본다.

또 눈여겨볼 수 있는 것은 주로 독립출판물을 다루는 독립서점이다. 독립서점은 2000년대 후반부터 늘어나기 시작했으며, 서점주인의 취향에 따라 특정한 개성을 가진 책들이 판매된다. 또 독특한 개성을 살릴 수 있는 전시회, 강연, 모임 등을 하기도 하며, 책과 관련한 상품이나 콘텐츠를 기획 판매하기도 하는 곳이다. 아이와 함께 창의적인 공간을 찾아다니고, 그로 인해 자신만의 영감을 인식하고, 채워가볼 수 있는 훌륭한 체험장소가 바로 이곳이라 여겨진다.

엄마가 아이를 키우는 것은 불편함과 새로움을 적절하게 공존시켜 아이에게 녹여내는 과정이다. 엄마는 아이와 관련한 일에 선택이라는 중대한 일을 담당하는 사람이다. 아이가 성인이 될 때까지 개입 정도의 차이가 있을 뿐 늘 선택에 대한 고민을 안고 살아가는 존재다. 더해서 세상사에 지혜로 깨어있는 엄마는 더 몸과 마음이 불편하다. 세상의 변화를 알고, 예측할 수 있기에 자신만의 방식을 고집할 수 없고, 새로운 세상을 공부해야 하기에 늘 바쁘고 불편한 생활을 하고 있을 것이다. 특히 사랑하는 아이와 연결된 문제라면 더 그러한 마음이 들게 틀림없다. 바로 서점으로 떠나는 여행은 불편함과 새로움으로 엄마와 아이에게 폭풍 성장의 기회를 줄 것이기에 준비하고 시작하자.

인터넷 서점이 아닌, 책과 사람이 어울려져 살아 움직이는 서점에는 인터넷 세상에서 볼 수 없고, 느낄 수 없었던 값진 보물들을 담아 넣을 수 있다. 구체적으로 어떤 이점이 있는지 이모저모 살펴보자.

서점을 경험하면 첫째, 서점은 책 판매를 목적으로 하는 공간이다. 어느 곳보다 다채롭고 시대의 흐름보다 앞서가는 책으로 진열대를 채울 가능성이 높다. 또한 고객에게 재미와 감동, 흥미로운 공간을 제공하기 위해 최선을 다할 것이므로, 우리는 그 공간을 즐기면서 미래를 당겨 체득하는 계기를 만들 수 있다. 대형서점에 가면 지식을 선도하고 세계를 인식할 기회도 얻을 것이다.

둘째, 서점에 가면 다양한 사람들의 생각을 접할 수 있다. 우리나라에서 연간 출판되는 신간이 약 6만 권이 훌쩍 넘어선다. 여기에 외국 출판물까지 더해지면 그야말로 엄청난 양의 지식이 쏟아지고 있다고 할 수 있다. 작가가 인고의 시간을 보내며 완성한 세계를 우리는 안락한 의자에 앉아 향유 할 수 있다는 것이다. 이보다 더 매력적인 행위를 어디에서도 찾을 수 없을 것이다.

셋째, 아이는 자신의 내면세계를 밝혀줄 책의 소중함을 알게 되는 시간을 만든다. 이 시대는 물질이 넘쳐나고 있기에 책도 사용 후 버려지는 물건으로 취급하고 있다. 너무 쉽게 얻고, 지나칠 정도로 많이 취하고 있기에 아이는 가치를 인식하지 못하고, 감사함도 모르며 자란다.

책은 단순히 물건이 아니다. 독서 활동을 강요받고, 학습으로 인식하기에 책을 소중한 가치를 지닌 존재로 여기지 않는 세태가 만연하다. 하지만 자신의 용돈을 모아 서점을 방문하고, 빽빽한 책 속에서 자신의 성장을 도와줄 책을 골라 그 가치를 용돈으로 살 때 아이가 느낄 감정을 예측해보자. 그 책을 대할 아이의 태도를 상상해보면, 어떠한가? 엄마의 강요로 마지못해 책을 읽는 일은 절대 없을 것이다. 마치 귀중한 보물을 다루듯 소중한 친구로 여기며 자신의 품속에 꼭 안지 않겠는가. 또 자신의 용돈을 진정한 가치에 썼다는 뿌듯한 마음을 추억하게 된다.

넷째, 책을 고르는 과정을 통해 넓은 관점을 배우고 경험한다. 아이의 집에 많은 책으로 채워져 있다고 하더라도, 서점만큼의 방대한 주제 영역을 갖추기는 현실적으로 어렵다. 서점은 세상에서 다룰 수 있는 주제는 거의 다 담은 책들로 가득 차 있는 곳이다. 엄마와 독서 상담 중 자주 나오는 고민이 있다.

"선생님, 우리 아이가 편독이 심해요. 과학영역은 전혀 보려고 하지 않아요."

물론 편독이 무조건 나쁘다는 것이 아니다. 잘 관찰하고 욕구를 충족시켜준다면 진로와도 연결되는 부분이 있으니, 잘못된 습관이라고 단정 지어 말할 수는 없다. 하지만 아이가 어릴수록 다양한 이야기를 만날 기회를 제공하는 것이 엄마의 역할이다. 만약 충분한 책을 제공하거나 접할 기회를 차단했기에 생겨난 아이의 습관이라면, 서점으로의 기행은 좋은 해결책이 되어준다.

서점은 과거와 조우하고, 현재를 직시하며, 미래가 숨 쉬는 것을 느끼고 볼 수 있는 공간이다. 인터넷으로 편리하고 쉽게 책을 살 수도 있지만, 책은 살아있는 이야기라는 점을 잊어서는 안된다. 아이는 책을 만져보고, 글자 하나하나에 의미를 부여하며, 그림을 해석하는 과정을 즐긴다. 단지 그런 시간을 체험하게 하지 않았을 뿐이다. 지금부터 서점에 가 아이들이 진정한 자신의 가치를 발휘할 수 있도록 해야 한다.

엄마는 아이에게 동기부여가가 되어야 한다. 이때 제일 효과적인 것은 엄마의 실천력일 것이다. 직접 행하면서 보여주는 것

책 읽는 아이로 키우는 엄마표 독서 코칭

만큼 전달이 좋은 것이 또 있을까? 우리나라 역사상 자식을 위한 확실한 동기부여를 하신 어머니들이 많다. 우리가 존경하는 인물들의 어머니들은 대부분 그랬다고 해도 과언이 아닐 테니까. 그중 충무공 이순신 장군의 어머니, 애국지사 안중근 어머니, 김구 선생의 어머니 등 위인들을 키운 어머니들은 솔선수범으로 자녀에게 강력한 동기부여를 했다.

"나는 떡을 썰 테니 너는 글을 쓰거라."

조선 중기 서예가로 중국까지 명성을 떨쳤던 한석봉 어머니의 유명한 말이다. 글쓰기의 어려움을 견디지 못한 아들에게 몸소 보여주는 가르침으로써 이보다 더 큰 동기부여가 되는 일이 있겠는가?

엄마는 말로 아이에게 지적하는 것이 훈육이라고 착각하지 말자. 가장 좋은 교육은 엄마가 직접 행하는 모습을 보여주는 것이다. 아이와 함께 서점 기행을 계획해보자. 아이가 가고 싶어 하는 곳부터 우선순위에 두고, 한군데씩 여행을 하자. 아이는 실천력을 배우고, 세상이 만들어 놓은 온갖 문화공간을 체득한다. 그런 시간이 쌓여 아이는 독서 습관이 키워지고, 책은 살아 움직이는 사랑하는 생명체로 아이 곁을 지켜줄 것이다.

책과 함께
떠나는 여행

'나무를 옮기면 죽고, 사람은 옮겨야 산다'라는 속담이 있다. 이 말은 사람은 널리 활동하고 견문이 넓어야 큰일을 할 수 있음을 비유적으로 이르는 말이다. '백문이 불여일견'은 백 번 듣는 것이 한 번 보는 것보다 못하다는 뜻이다. 이처럼 예부터 직접 경험에 대한 중요성을 끊임없이 이야기하고 있다.

뇌과학은 과학의 발전과 함께 지속적 연구를 하는 중요한 분야다. 그 결과 새롭게 밝혀지는 사실들이 놀라움을 주기도 한다. 예를 들어 인간의 뇌는 일정한 나이가 되면 발달을 멈추거나 퇴행한다고 알고 있었다. 그러나 많은 연구 결과 인간의 뇌는 죽음을 맞는 순간까지도 발전할 수 있다고 한다. 이것이 뇌가소성인데, 환경과 경험으로 무한하게 발전한다니 놀라운 일이 아닐 수 없다.

인간의 두뇌는 두뇌 전체를 활성화할 수 있는 풍요로운 환경을 좋아한다. 아이들의 예를 들어보면 학교, 학원, 학습지, 숙제 등 매일 똑같이 일어나는 단조로운 생활은 뇌가 쉽게 지친다는 것이다. 반면 풍요로운 환경은 어릴수록 많이 보고, 많이 들으며, 많이 경험하게 하는 것을 일컫는다. 즉, 부모의 지나친 과잉보호는 아이의 뛰어난 뇌 능력을 한계 짓고 있다는 뜻을 내포하고 있다.

뇌의 기능을 일깨우기 위해서는 신체의 움직임 활동으로 몸 전체에 걸친 신경 회로를 활성화해야 한다. 이런 활동은 아이의 학습 능력을 깨우고 발전시키는 역할까지 수행할 수 있다. 특히 여행은 아이의 뇌의 성장을 이끌 뿐만 아니라, 외부의 다양한 자극에 민첩하게 대응하는 행동 감각을 발달시킨다.

수많은 아이와 책을 읽고, 이야기를 나누고, 표현활동으로 글쓰기 말하기까지 진행해왔다. 하지만 시간이 지나면서 아이들의 사고능력이나 경험이 쌓이지 않는 상황을 체감하기 시작했다. 물질은 풍요로워지는데, 왜 아이들은 생각하는 것이 어렵고, 책과 공감하는 능력도 떨어지는 걸까? 또 가장 기본적인 교과서마저도 외면하고, 배움에 대한 이유도 방향도 자신의 삶이 아니라 주변에 자신을 둘러싼 어른들의 일로 치부해버릴까?

나는 그 문제를 쉽게 간과할 수 없었다. 아이들의 얼굴에 아무런 표정과 색깔이 없어지는 것을 두고 볼 수 없었다. 그래서 시작하게 된 것이 체험활동이다. 결과는 그야말로 대만족이었다.

밖에서 어려운 활동을 친구들과 함께하고, 문제해결을 위해 스스로 노력하는 에너지 넘치는 아이들을 만날 수 있게 된 것이다. 뇌가 발달하고 있는 것을 직관적으로 확인하기는 어렵다. 그러나 그들의 행동이 바뀌고, 생각을 하며 말과 행동을 하는 아이들을 보면 확실히 견문을 넓히는 활동의 효과를 느낄 수 있었다.

체험활동을 초등학교 3학년 때부터 4년간의 과정을 수료한 제자가 있다. 늘 내 사진을 찍어주고, 생일날에는 편지와 그림을 그려주는 아이다. 지금은 꿈 많은 여고생이다. 그 친구가 보내준 편지에는 한결같이 체험활동이 인생에서 가장 즐겁고 행복한 순간이었고, 평생 잊지 못할 추억이라는 말이 쓰여 있다.

최근 몇 년간 코로나19로 사람들 간의 대면접촉을 피해야 했던 시간이 있었다. 이때 나도 모든 것을 멈추어야 했다. 체험 활동하는 5팀이 학년별로 진행되고 있었으나, 어쩔 수 없는 일이었다. 그러나 아이들은 하루 매 순간 자라고 있다는 점을 잊어서는 안 되었다.

이때 차박, 캠핑족 등 새로운 여행문화가 유행을 이끌었다. 이 또한 풍성한 경험과 가족의 사랑을 돈독하게 하는 활동이라 사회적으로 보더라도 참으로 긍정적인 요소가 많은 일이다.

코로나19 사회적 거리두기가 종결된 이후로는 해외여행이 늘어나고 있다. 제자들도 하루가 멀게 일본, 괌, 미국, 베트남 등으로 가족여행을 떠나고 있다. 관광지식정보시스템에서 발표한 2023년 7월 출입국 관광통계자료를 보면 국민 해외관광객이 2,153,857명이다. 이 수치는 2022년 7월(674,022명) 대비

219.6% 증가한 수다. 아이는 세계 곳곳의 세상을 경험하는 기회가 될 것이다.

생각과 행동을 조금 더 살펴보자. 책은 특별한 시간에 특별활동만을 하기 위해 존재하지 않는다. 요즘처럼 이렇게 책을 쉽게 찾아볼 수 있었던 시대가 있었던가? 온갖 주제와 셀 수 없을 정도로 다양한 표현 방식의 책이 많지 않은가? 여행 전, 중, 후에 책을 활용하는 습관을 계획하자. 몇 번만 습관을 들이면 쉽게 계획이 세워지고, 흥미로움과 가치 있는 경험을 쌓을 수 있다. 즉, 여행은 아는 만큼 몇 배의 견문을 넓힐 수 있다.

책과 함께하는 여행 방법은 크게 두 가지로 나누어 생각해볼 수 있다. 먼저, 여행 목적지가 정해졌을 때다. 우선 체계적인 계획을 위한 여행 계획표를 만들자. 거기에는 크게 여행지, 여행 목적, 세부 일정, 준비사항 등이 기본적으로 적힐 것이다. 여기에 목적지와 관련한 참고도서를 다양하게 찾아보자. 역사, 문화, 대표장소에 대한 설명서 등이다. 물론 유명 관광지에는 관광안내서가 있으나 그것은 참고 자료로만 봐야 한다. 여행은 여행자 중심으로 기획하고, 준비해서 배우고 느껴오는 일이다. 누군가가 만들어놓은 자료는 여행자를 지극히 수동적으로 만든다. 그래서 온전히 자신 삶에 영향을 주는 풍성한 환경 역할을 못한다.

다음은 책을 보고 여행지를 정하는 방법이 있다. 책은 아이의 교과서를 기준으로 하는 것을 적극적으로 추천한다. 과목별로 나누어 기획하고, 여행 장소를 찾는다. 이때 여행지를 깊게 이해할 수 있고, 교과서 주제를 조금 더 확산할 수 있는 책을 선정한 다면 일거양득의 효과를 낼 수 있다.

두 가지 방법은 여행 계획에 따라 적절하게 사용하면 좋을 것이다. 확실하게 말할 수 있는 것은 여행할 때 책을 읽고 가는 것과 그렇지 않은 것의 차이는 엄청나다. 아이는 이 방법을 통해 책의 유용성과 친밀성을 느끼게 된다. 쉽게 얻어지는 것은 물안개처럼 사라지게 된다. 아이가 책을 활용해 여행의 즐거움과 가치를 두 배 이상 느낀다면, 앞으로 펼쳐질 새로운 일과 세상에 무엇이 두렵겠는가?

아이 일생 중 가장 낯선 곳으로 떠나는 여행 아닌가? 이렇게 낯선 곳이지만, 책을 통해 배경지식을 미리 얻고, 그곳의 지식을 자기 것으로 익혀 간다면 여행 중 느낄 감정은 어떨까? 아마 부모님이 이끄는 대로 떠나는 여행이 아니라, 본인 스스로가 주체성을 지닌 여행자의 모습을 갖게 되리라 확신한다.

더불어 여행을 가기 전 미리 기획하고, 계획하며 세밀하게 챙기는 연습을 한다면, 앞으로 무엇이 걱정이겠는가? 책 속에는 인터넷에서 가르쳐주지 않는 아주 깊은 세계가 있다. 그 세계를 미리 마주하고 떠나는 여행은 어떤 느낌이 들까?

부모님과 여행을 다녀온 아이에게 물어보는 일이 있다. 어떤 곳에서 무엇을 하고, 어떤 마음이 들었는지를 물어보면 99% 이상이 잘 모른다고 대답한다. 바로 엊그제 다녀왔다고 하더라도 장소도 모르는 일이 허다하다. 무엇을 했고 느낀 점을 물어보면,

책 읽는 아이로 키우는 엄마표 독서 코칭

많은 아이가 무엇을 복기해야 하는지도 모른다.

"그냥 그랬어요."
"학교에 안 가서 좋았어요."
"음식 이름은 모르는데, 그냥 그 음식만 기억에 남아요."

엄마들은 집에서 아이들의 독서코치가 되어야만 하는 이유가 여기에도 있다. 여행 동안의 일을 모든 것을 기억하고 의미 부여를 하라는 말이 아니다. 그러나 최소한 비행기가 힘들고, 무엇인지는 모르겠는데 그 음식이 맛있고, 학교에 안 가도 돼서 좋았다. 라는 말만 해서는 안 되지 않을까?

아이가 성인이 되어 독립하기 전, 엄마와 함께 있는 시간만큼은 아이가 여행지부터 목적, 방법, 책으로 배경지식 확장을 확대하는 방법 등을 스스로 기획하고 실행하게 해보면 어떨까? 이런 연습을 통해 책을 나침반 삼아 떠나는 여행에 용기를 낼 수 있도록 하자. 덩달아 뇌가 좋아하고, 여행에 보람이 더해지는 일이 아이들을 성장시키는 지름길임을 잊어서는 안 된다.

제3장	독서가 자녀의 일상이 되는 방법

즐거운 습관이 되는 독서 이야기

· 아이가 어릴수록 가족여행에도 목적과 방향성이 뚜렷하다면, 조금 더 알차고 즐거운 경험을 쌓을 수 있다. 아이와 함께 가고 싶은 여행지를 5개 정해보자.

· 여행 장소가 정해지면, 그곳의 정보를 위한 관련 책을 찾아보자. 단 아이가 학생이라면, 교과별로 나누는 것이 체계적이다. 교과는 사회, 과학, 역사, 음악, 미술 등으로 나누어 정리해보자.

순번	아이와 가고 싶은 곳	정보를 얻을 수 있는 책	교과 영역 / 책

책 읽는 아이로 키우는
엄마표 독서 코칭

제**4**장

행복한 아이로 키우는 엄마표 독서 코칭

01 엄마표
독서 코칭하기

　나는 세상의 모든 엄마가 독서코치가 되기를 소망한다. 이런 소망을 가진 데는 명확한 이유가 있다. 하나는 단언컨대 엄마 스스로가 자신의 삶을 행복하게 살 수 있다는 것이다. 두 번째 는 아이가 자신의 꿈을 찾아 높은 자존감을 가지며 행복한 삶 을 설계할 수 있도록 한다. 마지막으로 가족들이 서로 힘을 합 쳐 세상의 어려움을 이기고 행복한 웃음을 만들어갈 수 있게 한 다. 하나만 더 이야기하자면 독서로 옳은 교육을 하는 엄마가 바로 선하고 발전된 사회가 되는 데 중요한 구심점 역할을 할 수 있을 것이라 여긴다. 이런 중요한 이유로 엄마표 독서 코칭 을 지향하며, 아이를 가진 엄마에게 독서코치가 되기를 강하게 권유하고 있다.

　엄마는 아이가 건강하고 사회적으로 성공한 삶을 누리며 누구보다 행복한 삶을 살기를 원한다. 아이에 대한 바람이 커지면, 다양한 방법으로 자녀 교육이 시작된다. 자신이 가지고 있던 욕망을 분신이라 생각하는 아이를 통해 이루고자 하는 엄마도 있다. 또 아이가 자신보다는 부유한 삶과 풍요로운 삶을 살기를 바라는 마음이 크게 자리하기도 한다. 이런 목적을 가진 엄마의 교육방식은 맹목적으로 공부 잘하는 아이로 만들기 위해 혈안이 될 수도 있다. 아이가 온종일 유명 학원을 쉴 새 없이 다니는 것을 보며, 안도의 한숨과 본인의 역할을 다했다는 자기를 위로하기 일쑤다. 과연 아이가 자신들이 들고 다니는 학원가방의 무게만큼 몸과 마음도 함께 성장하고 있는지 냉철한 점검이 필요하다.

학원이 무조건 나쁘다는 것은 아니다. 나 또한 학원을 운영하고 있기에 모든 학원이 아이에게 무거운 짐을 지워주는 곳이라고 말하고 싶지는 않다. 단지 학원이든 학습지, 개인과외 등 아이와 관련한 일에는 분명한 목적이나 이유가 있어야 함은 당연지사 아닌가. 다수의 엄마가 선택한 교육방식이 대학입시나 좋은 직장을 얻는 것 등 사회통념에 지나치게 초점이 맞춰져 있는 것은 아닌지 묻고 싶다. 아이의 바른 성장과 미래를 준비하는 과정에 엄마로서 역할을 어디까지며, 아이가 맡아야 하는 몫은 무엇인지 망각하고 있는 것이 아닌지 생각해봐야 할 것이다.

엄마는 사랑하는 아이에게 무조건 자신을 통제하는 사람으로 인식되기를 원하는 사람은 아무도 없다. 하지만 온갖 정성과 희

책 읽는 아이로 키우는 엄마표 독서 코칭

생으로 키운 아이가 성인이 되었을 때, 자신이 원하는 삶을 찾지 못하거나 자기의 삶에 대해 후회만 가득한 시간을 보낼 수 있다고 생각해본 적은 있는가?

요즘 '대2병'이라는 말이 있다. 중학교 2학년 사춘기 아이들이 겪는 내적 갈등을 빗대어 '중2병'이라고 하는데, '대2병'이라는 말도 있다. 의미는 대학교 2학년이 되어 자신의 진로와 본질에 대해 고민하는 학생들을 일컫는 말이다. 대학교 2학년들은 초·중·고등학생 시절 동안 대학입시를 목표로 달려왔지만, 어느 순간 자기의 삶에 대한 깊은 고민에 빠지기도 한다. 그 결과 자신이 원하는 선택에 대한 깊은 갈등의 시간을 보내기도 하고, 심지어 학교를 자퇴하는 지경에 이르기도 한다. 솔직히 나는 아이가 이때라도 자기 삶에 주체적인 생각하기를 시작한 것이 다행이라고 여긴다. 어른이 되어도 자기에게 집중하기보다는 남이 정한 기준을 따라 살다가 한평생을 보내는 사람도 많지 않은가.

그런데 남이 선택해준 삶을 사는 사람들은 부모를 핑계로 삼아, 자기 삶에 책임을 지지 않으려고 하는 일이 비일비재하게 일어난다.

"엄마가 내가 원하는 것을 하기보다는 무조건 공부만 하라고 해서 이 모양이야."

이런 말은 주로 어른이 되어서도 자신의 삶을 행복하지 않다고 느끼는 사람들의 이야기다. 엄마는 아이에게 최선의 노력과 책임을 다하고자 했으나, 아이가 자신이 원하는 삶을 깨닫거나, 삶이 불행하다고 느낄 때면 엄마의 양육을 원망할 수도 있다는 말이다. 엄마는 자신의 욕심으로 결정한 것에 아이를 위한 선택이라는 프레임을 씌우지 말고, 아이가 원하는 꿈, 간절한 바람인지 엄밀히 관찰하고 판단하는 것에 전념하자.

"진짜 가르쳐야 할 것은 수학이 아니라 가치고, 정말 키워줘야 할 것은 키가 아니라 자존감이다!"

저서 《세상에서 가장 쉬운 본질 육아》에 미국 존스홉킨스대학교 소아정신과 지나영 교수가 쓴 글처럼 부모는 아이가 자신의 진정한 가치와 자존감을 키워주는 존재여야 한다. 그런 역할을 하기 위한 최고의 방법으로 '엄마표 독서코치'가 되기를 바란다.

엄마표 독서코치가 되는 과정에는 노력과 수고로움이 따른다. 무엇보다 중요한 것은 엄마 스스로가 자신의 선택에 명분을 확고히 하는 자세다. 그러나 성급하게 생각하거나 지나친 염려는 하지 않아도 된다. 아이의 독서코치로 어떤 교육을 하고 싶은지, 무엇을 준비해야 하는지, 어떻게 아이와 소통할 수 있는지 등 계획을 세우는 과정에서 확고한 신념이 생길 것이다. 이런 기초를 단단하게 다져놓지 않으면, 오랜 시간이 걸리는 아이의 독서 수업이 지속적으로 진행되지 못할 가능성이 있다.

엄마가 독서코치가 되면 제일 먼저 느껴지는 감정이 행복함

책 읽는 아이로 키우는 엄마표 독서 코칭

이다. 엄마가 책을 읽고, 책과 친해지면서 자기의 내면이 단단해지는 것을 느낄 수 있다. 책은 이 세상에서 다룰 수 있는 거의 모든 걸 담을 수 있는 존재다. 책은 보편적이고 객관적인 주제를 안고 있으나, 그것에 도달하는 방법은 지극히 주관적인 상상과 경험에 밀착해 있다.

다양한 책과 만나다 보면 어린 시절 꼭꼭 숨겨둔 아픔과 대면한다. 과거에 받은 아물지 않은 상처나 커져 버린 불편한 마음을 회피하고자, 자기 마음 안에 꼭 감춰둔 '내면 아이'를 마주하기도 한다는 것이다. 나의 시선과 감정이 외부로 향해 있을 때는 눈치채지 못했지만, 독서로 내 안을 인식하게 될 때 숨겨둔 비밀 상자를 열게 된다. 그때 카타르시스를 경험하게 되며, 비로소 자신을 있는 그대로 온전히 사랑하는 마음을 가지게 되는 놀라운 변화를 겪는다.

행복한 엄마가 가족들과 나눌 긍정에너지는 어떠한 빛깔을 지니고 있을지 상상해보자. 또 아이는 엄마와 특별한 연결고리를 갖고 있어, 엄마의 행복한 기분이 아이에게 큰 희망으로 전달된다는 사실을 의심할 필요가 없다. 엄마의 밝은 미소로 아이와 눈을 마주하며 전하는 긍정 메시지는 아이의 성장 발달과 사회화 과정을 도울 수 있을 것이 분명하다.

엄마가 독서코치가 되면 아이에 대해 깊게 이해할 시간을 가질 수 있다. 아이가 읽을 책을 찾으며 아이의 성향을 인식하고, 발단 과정에 맞춘 책을 공부할 수 있다. 또 아이와 함께 책을 읽고, 공감하는 시간을 통해 아이의 꿈과 마음을 깊게 이해하려는 스승의 모습까지 갖춘다.

　엄마가 독서코치가 되기 위해서는 연령대에 맞는 책을 선정할 수 있도록 정보를 습득할 필요가 있다. 평생교육원이나 다양한 기관에서 운영하는 독서지도사 과정을 공부하라는 뜻은 아니다. 하지만 뇌 발달에 따른 독서의 큰 맥을 잡을 필요가 있다. 조심해야 할 부분은 인터넷이나 교과 필독서와 학년별에 맞춘 책 추천을 100% 의지해서는 낭패를 보기도 한다. 자칫 잘못하면 이런 권장도서나 필독서라는 틀에 매여 아이의 무거운 어깨에 또 하나의 묵직한 돌을 얹혀 주는 격이 될 수 있기 때문이다. 엄마는 객관적인 입장에서 아이의 독서수준을 알기 위해 아이의 독서능력을 꼼꼼히 살펴봐야 할 필요가 있다.

　기억해야 할 부분은 우리 아이의 발달 상황이 빠를 수도 있고, 느릴 수도 있기에 엄마가 욕심으로 채운 방향을 목표로 삼으면 안 된다. 그것은 엄마의 욕망만으로 채워진 것일 가능성이 크다. 그러기에 아이를 세상의 눈, 다른 사람을 비교하고 기준으로 하는 위험에 놓일 가능성이 꽤 크다. 심지어 아이와 함께 가고자 하는 방향을 잊어버리고, 서로가 실망으로 얼룩진 결과만 남을 수 있다.

　명심해야 할 것은 아이가 책과 함께 아이의 강점을 발견하고, 아이가 자신의 꿈을 그릴 수 있는 것에 중점을 둬야 한다는 것이다. 더 나아가 아이 스스로 주체적인 사람으로 살 수 있도록

책 읽는 아이로 키우는 엄마표 독서 코칭 ""

삶의 목표를 정하기를 거듭 강조해도 부족하다.

　엄마표 독서코치란 아이와 함께 책을 선정하고, 아이가 책을 통해 긍정적인 자아를 형성할 수 있도록 도와주는 역할을 하는 사람이다. 아이가 무엇을 어려워하는지 살피고, 무리하게 개입하기보다는 아이가 눈치챌 수 없지만, 꼭 필요할 때 도움이 되도록 아이의 그림자 같은 역할을 하자. 또 아이가 책을 읽고 감동에 빠진다면, 엄마는 아이의 감정에 깊은 공감을 해주는 것도 잊어서는 안 된다. 그런 과정을 통해 엄마는 아이의 멘토가 되기도 하고, 친구가 되어 함께 행복하게 성장할 수 있는 것이다. 이렇게 맺어진 관계는 세월이 흐를수록 신뢰가 더 두터워지고, 서로의 존재만으로도 세상의 두려움을 이겨내는 소중한 존재로 거듭난다. 그 선한 기운은 가족뿐 아니라 사회까지 뻗어갈 것이다. 이것이 엄마표 독서코치의 행복한 동행의 결과다.

02

뱃속에서 시작된
독서 습관

'세 살 버릇 여든까지 간다'라는 속담을 모르는 이는 없을 것이다. 어릴 때 이 속담을 들을 때마다 걱정을 많이 했던 기억이 난다. 어릴 때부터 온순하고, 침착하며 착하고 두려움이 많았던 나는 이 속담을 깊게 새겼다. 그래서 자신에게 부끄럽지 않도록 부지런한 습관을 위해 노력을 하며 살아왔다. 87세가 되신 노모도 언제나 착해서 화도 안 내고, 욕심이 나도 티도 내지 않던 내 모습을 생각하면 늘 마음이 짠하고 아프다고 하신다. 아주 어릴 때는 오빠들 사이에서 딸로서 부당한 대우를 받았음에도 불구하고, 그것이 잘못된 것이라는 인식조차 하지 못했다. 어릴 때부터 참고 양보했던 것이 습관이 되어, 어른이 되었을 때까지도 나보다는 좋은 게 좋다는 식의 결론을 내려 손해를 보는 경우가 많았다.

그런데 모르는 것은 면죄부가 될 수 없다는 생각이 들기 시작한 것은 내가 독서지도사가 되고 난 이후부터다. 모르는 것은 자신과 주변을 불편하게 해 자신의 자존감뿐 아니라 선한 관계를 갉아먹는 좀벌레와 같을 수 있다. 내가 살아온 시대는 그렇다 치더라도 지금에 아이들은 제대로 알도록 엄마가 가르쳐야 한다. 무엇이 옳고, 그른지를 판단할 수 있어야 하고, 자신의 권리를 지킬 수 있도록 어릴 때부터 똑바로 인식할 수 있도록 교육해야 한다. 그것이 부모의 도리고 의무이다. 이런 가르침은 긍정적으로 발휘되어야 하며, 지속성을 갖고 발전할 수 있어야 하는데, 책보다 더 좋은 지침서는 없을 것이다.

엄마는 아이를 품은 순간부터 독서 습관 들이기를 권유하고 싶다. 엄마가 임신하면 설렘과 뿌듯함으로 행복한 마음이 든다. 하지만 임신으로 인한 호르몬의 변화로 평상시와는 다른 정신과 몸 상태로 겪어보지 못한 감정 변화와 두려움으로 혼란스러울 수 있다. 그로 인해 임산부의 스트레스 지수가 높아지고, 예민한 행동을 보이기도 한다. 이런 두려운 마음이 드는 것은 태아를 보호하고자 하는 보호본능에서 시작된 것으로, 주변에 있는 모든 것이 위험한 존재로 느껴지기 때문이다.

나는 쌍둥이를 임신하면서 세상을 다 얻은 것같이 기뻤고, 온 세상이 나를 중심으로 축복의 선물을 주고 있다고 확신했다. 하지만 유산의 위험이 찾아왔고, 나는 더 몸을 조심해야 했었다. 여느 임산부보다 더 마음이 불안했고, 아이들이 혹여나 잘못되면 어쩌나 두려운 감정에 휩싸여 가족들을 비롯해 모든 주변 환경에 지나칠 정도로 예민하게 행동했다. 하지만 아이들이 태어나 얼마 지나지 않아 그런 불안한 마음으로 떨었던 시간을 후회했다.

이유는 쌍둥이들이 엄마의 그런 위태롭고 불안했던 마음을 다 인지하고 있었다는 확신이 들기 시작했기 때문이다. 아이들이 지나치게 얌전하고, 겁이 많았고, 엄마에게 떼 한번 쓰지 않고, 3세쯤 되었을 때는 또래 친구들과 유독 어울리는 것을 어려워 했기 때문이다. 특히 큰아이는 5세가 되도록 계단을 보면 공포심에 떨기도 하고, 울기까지 했었다. 이런 행동에는 기질적인 부분도 작용했을 수도 있다. 그러나 엄마로서 느끼는 책임 의식 때문인지 지금까지도 임신했을 때 조금만 더 정신적인 여유를 가졌더라면, 아이들이 유아기를 조금 다르게 보낼 수 있지 않았을까 하는 때늦은 후회를 한다.

그나마 다행스럽고 위로가 되었던 점은 임신 기간 내내 열심히 책을 읽었다는 것이다. 유산의 위험이 있어 온종일 누워 책을 읽고, 클래식을 듣고, 배를 만지며 내가 아는 동요는 모두 소환해 불러주었다. 태아의 청각이 반응하는 시기가 4~5개월인 점을 고려해보면 우리 아이들은 엄마의 노랫소리를 들으며 그나마 엄마와 교감을 했다는 것이 위안이 되었다. 나는 아이들이 태어나 10세가 될 때까지 임신 초기부터 들려주었던 전래동화, 그림동화, 명작동화 읽어주기를 멈추지 않았다. 그래서인지 나와 아이들과는 어릴 때부터 지금까지 한결같이 돈독한 관계다. 무엇보다 독서로 얻은 가장 큰 효과는 아이들이 자기 주도적인 삶을 아이들이 살아가고 있다는 것이다. 비록 어릴 때는 겁이 많

책 읽는 아이로 키우는 엄마표 독서 코칭

은 아이들이었지만, 지금은 누구보다 씩씩하게 살고 있으니 엄마의 독서교육 효과일 것이라 확신한다.

그렇다면 본격적으로 뱃속 독서를 시작해야 하는 이유와 효과에 대해 생각해보자. 독서가 중요한 이유는 셀 수없이 많다. 하물며 초등학교 1학년에게 물어봐도 독서는 자신을 똑똑하게 만드는 일이라고 대답할 정도다. 그렇다면 독서는 뱃속에서부터 해야 하는 이유는 무엇일까?

태아의 청각기관은 일찍 형성되는 편인데, 임신 4~5개월 사이에 소리를 듣고, 엄마 목소리까지 인식할 수 있다고 한다. 또 6개월에는 타인과 엄마의 목소리를 구분할 수 있고, 7~8개월에는 각각의 소리와 음의 고저와 강약까지 구별할 능력이 생긴다. 이런 근거를 보더라도 엄마의 목소리로 들려주는 책 속의 별처럼 반짝이는 이야기는 아이의 정서적 발달과 안정감을 유도하기에 충분하다. 또 뇌 발달과학적 해석을 보더라도 청각 세포를 깨워 두뇌를 자극할 수 있다고 하니, 아이의 두뇌를 발달시킬 수 있는 것도 기대해볼 만하다. 동시에 산모인 엄마의 마음도 편안해질 수 있는 것은 당연하다.

"우리가 읽는 책이 주먹질로 두개골을 채우지 않는다면 무엇때문에 책을 읽는다는 말이야?"
"책은 우리 내면에 존재하는 얼어붙은 바다를 깨는 도끼여야 해."

《변신》의 작가, 프란츠 카프카의 편지글에서 강렬한 어조로 뇌 발달과 내면 성장을 할 수 있는 독서를 예찬했다. 카프카는 독서를 통해 새로운 앎과 깨달음의 중요성과 통찰력을 얻을 수 있음을 말하고 있다. 아무리 과학이 발달해 손가락 하나의 움직임만으로도 세상의 정보를 얻을 수 있는 시대에 산다고 하더라도 책으로 얻을 수 있는 과정의 힘은 무엇으로도 대체될 수 없다.

"노벨상 수상의 원동력은 독서인데 어렸을 때부터 아버지와 할머니가 내게 많은 책을 읽어주었다. 그리고 6세부터는 혼자 책을 읽기 시작했다."

1996년 노벨 생리의학상 수상자인 피터 도허티(Peter Do-herty)의 독서 습관에 대한 기억이다. 그의 성공의 밑바탕에는 부모와 가족으로부터 받은 독서 습관이 있음을 알 수 있다. 이 외에도 세계적으로 유명한 위인이나 성공자들의 공통점은 모두 어릴 때부터 부모와 함께 한 독서에 대해 입을 모아 말한다.

예나 지금이나 독서의 중요성은 달라지지 않았다. 오히려 영상이 넘쳐나는 이 시대에 더 강조되어야 할 것이다. 아이들이 유모차에 앉을 때부터 유모차에 아이의 눈높이에 맞춰 떡하니 꽂혀 있는 핸드폰에 시선이 가지 않을 도리가 있는가? 아이의 학원 픽업을 돕는 엄마의 차 뒷좌석에는 최신형 태블릿PC가 꽂혀 있다. 아이는 학원 시간 틈과 자투리 시간조차도 화면에 눈이

책 읽는 아이로 키우는 엄마표 독서 코칭

고정되어 있다. 쉴 새 없이 영상에 노출되어 생각하는 뇌기능을 마비시키고 있지는 않은가? 생각해봐야 할 부분이다. 유모차에 탄 유아들은 세상의 모습을 보고, 온갖 향기를 맡아야 하지 않을까? 그때 호기심이 뇌를 자극하고, 뇌 발달과 정서 발달로 연결되는 것을 어렴풋이라도 생각해 본 적은 없는지 엄마에게 물어보고 싶다. 아이들은 모든 감각을 받아들일 준비가 되어있다. 말랑말랑한 뇌와 영롱이는 눈빛에 무엇을 보여주고, 들려줄 것인지 엄마는 고민해야 한다. 우리 아이는 누구나 고유한 재능을 가지고 태어났기에 옳은 교육으로 자신의 재능을 마음껏 펼칠 수 있도록 적극적으로 도와야 하는 것이 엄마의 의무다.

독서는 뱃속에서 무덤까지 가야 하는 일인데, 어떻게 습관을 갖게 하느냐가 중요하다. 독서 습관은 성장한 아이가 스스로 만들어가기에는 어려운 점이 있을 수밖에 없다. 특히 디지털 문명의 발달로 종이로 된 책을 습관처럼 읽기에는 주변 환경으로부터 부정적인 유혹이 따른다. 그리고 현실적으로 독서 시간을 부족하다는 것도 회피할 수 없는 문제점이다. 아이에게 사유의 즐거움과 집중력, 상상력을 통해 꿈을 가질 기회를 엄마가 그럴싸한 이유로 뺏고 있는 것은 아닌지 엄중히 돌아봐야 할 것이다. 독서에 대한 믿음을 가지라고 엄마에게 꼭 강조하고 싶다. 독서 습관은 어릴수록 효과적이며, 아이는 지금이 가장 어린 날이 아니던가.

뇌 감각을 이용한 오감독서법

감각이란 외부의 물리적 자극에 의한 인간의 의식에 변화가 생기는 것을 의미한다. 인간이 가진 다섯 가지 감각에는 시각, 청각, 후각, 미각, 족각이 있다. 뇌의 피질 부분은 뇌의 표년 부분에 위치해서 오감의 정보를 처리하고 해석하는 일을 한다.

뇌가소성은 뇌세포와 뇌 부위가 유동적으로 변하는 것을 의미한다. 뇌는 말랑말랑한 상태라 뇌의 특정 부위의 손상이 있더라도, 환경이나 학습의 영향을 받아 변화에 적응해 기능을 회복할 수 있는 능력이 있다. 특히 뇌의 다양한 감각을 이용한 독서는 책을 세밀하고 깊이 있게 이해할 수 있도록 도와준다.

독서에 오감을 이용하면 사실적인 것을 인지하는 것부터, 더 나아가 아이가 무한한 상상력을 발휘할 수 있게 연결해 독서의 효과를 높일 수 있다. 이런 독서가 자유롭게 가능해지면 뇌 발달뿐만 아니라 재미까지 더해지게 되는 것은 당연한 일일 것이다. 이런 독서 방법이 자연스럽게 익혀지게 되면 독서를 외부 환경에 적용하는 능력까지 생긴다. 곧 융합 사고를 완성하는 과정인 셈이다.

"시인이 쓴 모든 시 구절은 생각하는 모든 사람에게 몇 년에 한 번씩 새롭고 다른 얼굴을 드러내며 그 사람 안에 약간씩 다른 반향을 불러일으킨다. 이러한 독서 경험에서 위대하고도 신비로운 점은 보다 날카로운 심미안, 보다 예민한 감수성, 보다 풍부한 연상 결합을 통해 독서를 배우면 모든 사고와 모든 시가 가진 독특성과 개별성과 확실한 한계가 보다 명확하게 보인다는 사실이다."

《데미안》을 쓴 헤르만 헤세(Hermann Hesse)의 글이다. 같은 시를 이해하고, 느끼는 것에 있어서 독자의 상황이나 경험의 크기만큼 시를 받아들이는 생각과 감동이 달라짐을 표현하고 있다. 더 나아가 세심하게 인간이 가진 경이로운 오감을 접목한 독서를 하게 되면, 시문학을 더 깊게 자신의 것으로 받아들일 수 있음을 이야기하고 있는 것으로 해석할 수 있다. 직관적인 글 읽기와 뇌를 깨워 상상하며 읽는 글의 차이는 확연하게 달라서 우리 삶에도 다른 영향을 줄 수밖에 없다.

뇌는 에너지를 많이 쓰는 일을 하며 노력할 때 그 양만큼 활성화도 많아져, 뇌 발달에 큰 도움이 된다. 아이가 글을 읽기 위해 집중하고, 몰입하면 아이의 뇌는 바쁘게 움직인다. 그 동력은 아이의 뇌 발달로 이어지는데, 아이의 노력이 뇌 발달의 기반이 되는 것이다.

엄마는 아이의 독서코치로 오감을 이용한 독서법이 습관이 되도록 노력해야 한다. 엄마와 아이의 노력은 몇 배로 발전하는 뇌로 보상을 받을 것이고, 즐거움이 더해져 행복한 독서 시간으로 채워질 수 있다. 오감독서법은 학습이라는 인식을 하지 않고, 최대의 효과를 낼 수 있는 방법이다. 아이들은 호기심으로 눈이 빛날 것이고, 그 느낌이 재미로 이어져 놀이처럼 인식되지만, 어떤 독서법보다 아이들의 뇌와 학습까지 발전할 수 있는 독서법이다.

엄마는 오감독서법을 시행했던 사례를 참고로 해 이 독서 방법을 다음으로 미루기보다는, 내일 꾸준히 아이와 함께 진행해 보기를 바란다. 엄마와 아이 모두 행복한 시간을 통해 서로의 마음을 이해하는 시간까지 가지게 된다.

오감독서를 할 때는 먼저 엄마는 아이의 의견을 존중하는 자세를 지녀야 한다. 처음에는 자신이 정한 기준과 생각으로 가득차 있어 아이에 대해 불신할 수 있다. 그러나 아이의 뇌 감각을 믿고, 아이 스스로 책을 선정할 수 있도록 충분한 시간을 주어야 한다. 그때 엄마는 조급한 표정이나 말투 대신에 편안한 표정으로 기다려주면 된다. 혹시 엄마의 기준에 맞지 않은 책을 골라 오더라도 칭찬하고, 지지해주는 자세가 필요한 순간이다. 그

책 읽는 아이로 키우는 엄마표 독서 코칭

대신 책을 고른 이유를 다정하게 물어보고, 아이의 서툰 생각과 선택일지라도 최대한 이해하는 자세를 취하자. 엄마가 꼭 아이와 읽고 싶은 책이 있다면, 아이에게 솔직하게 이야기해주며 아이의 이해를 기다려보는 방법도 좋다.

다음은 아이와 책 표지를 보며 오감을 이야기해보도록 하자. 이때 오감 노트를 만들어 아이가 지나치게 무리가 되지 않게 긴 문장보다는 그림으로 표현하거나, 낱말을 적어보는 것도 괜찮다. 혹시 쓰기가 책의 흥미를 떨어뜨린다면 엄마가 직접 적거나, 아이가 독서에 익숙해지기를 기다려 시도하는 것이 좋다. 주의할 점은 본격적인 시작 전에 아이에게 설명하는 습관을 꼭 가져야 한다. 오감이 무엇이며, 친절하게 독서법을 하는 이유를 자세하게 설명하고 이해를 구하자.

"수아야, 오늘부터 엄마랑 함께 재미난 방법으로 독서해볼까? 신나는 다섯 가지를 찾아보려고 해. 다섯 가지는 우리가 늘 사용하는 거야. 눈으로 보는 시각, 귀로 듣는 청각, 코로 냄새를 맡는 후각, 맛을 느끼게 하는 미각, 그리고 촉각은 피부가 닿을 때 느껴지는 건데, 매끈매끈하다, 까슬까슬하다, 울퉁불퉁하다 등이 촉각을 말하는 거야. 우리 재미있게 엄마 한번, 수아가 한번 그렇게 시작해보려고 하는데 괜찮겠니?"

본격적으로 독서가 진행되기 전 활동에 시간을 많이 할애해보자. 아이가 책을 읽을 때 내용부터 후루룩 읽어내려고 하는 경우가 많다. 그러나 표지는 책 내용을 압축해서 표현하고 있으며, 주제를 담고 있는 중요한 역할을 하고 있다. 독서 전 호기심을 가지고 내용을 짐작하며 상상해보는 시간이 뇌 발달과 독서 흥미, 자신감을 올리는 데 중요한 일임을 꼭 기억하자.

"수아야, 먼저 눈으로 보는 것을 시각이라고 하는데, 무엇무엇이 보이는지 찾아보자. 엄마도 꼼꼼하게 찾아볼게."

표지는 그림과 글자들이 독특함을 뽐내는 공간이다. 이 부분을 유심히 보는 습관이 만들어지면 책 내용을 짐작하는 능력이 뛰어나게 된다. 그리고 어린아이들이 읽는 책일수록 좋은 그림과 창의적인 설명과 제목이 많으므로 상상력과 예술성까지 배울 수 있는 보물창고다. 아이와 놀이처럼 찾기 게임을 한다든지, 엄마와 아이가 찾기 게임을 하듯 하는 방법도 아이의 흥미를 깨우고, 책과 친해지는 데 매우 효과적이다.

아이가 오감독서법에서 촉각을 어려워하는 경우가 많다. 그때는 엄마가 책을 만지며 딱딱하다, 표지에 나온 그림 하나를 가리키며 폭신폭신하다 등 다양한 표현을 해줘야 한다. 아이들은 엄마를 모방하며 어휘력까지 성장할 수 있는 시간이 된다. 엄마는 다양한 표현을 할 수 있도록 어휘집을 준비해보면서 진행하는 방법도 추천한다. 단, 학습으로 외우거나 강요하는 것은 절대안 된다. 아이가 긍정적인 생각으로 적극성을 가질 때 비로소 뇌 발달과 독서력이 상승할 수 있기 때문이다.

책 읽는 아이로 키우는 엄마표 독서 코칭

아이는 하나의 인격체이며, 자유의지가 있는 존재임을 잊지 않되, 부모로서 교육목표를 세우고, 한 걸음씩 꾸준히 진행해야 할 것이다. 이런 독서 코칭을 통해 엄마와 아이의 메타인지가 함께 상승하는 두 배의 효과를 낼 수 있다.

메타인지란 자신의 인지과정에 대해 생각하며 자신이 아는 것과 모르는 것을 자각하는 것이다. 또한 스스로 문제점을 찾아내고 해결하며 자신의 학습 과정을 조절할 줄 아는 지능과 관련된 인식을 뜻한다. 메타인지가 높을수록 자신을 객관화하고 상황을 판단할 수 있는 능력이 뛰어날 것이다. 그로 인해 자신이 할 수 있는 일과 할 수 없는 것을 구분해 체계적인 활동을 할 능력이 뛰어나게 된다. 곧 자신을 꾸준히 성장시키는 사고방식을 취하게 되므로, 지혜롭고 현명한 삶을 살아가면서 삶의 만족감도 높을 수밖에 없다.

가상세계가 하루가 다르게 눈부신 발전을 거듭하고 있다. 현실과 가상을 구분할 수 없는 세상이 다가오고 있다고 해도 지나침이 없다. 몇십 년 전부터 영화를 통해 가상이 현실을 지배하는 것을 본 기억이 난다. 우리는 독서를 통해 메타인지를 높여 어떤 시대에도 자기 자신을 정확하게 알고 명확함을 가져야 한다. 오감독서법의 목적은 자기의 내면을 인식하고, 성장을 돕기 위함이다. 그런 과정에 뇌의 발단은 물론 메타인지까지 향상될 수밖에 없다.

엄마와 함께
쓰고, 발표하기

솔로몬은 '지혜의 왕'이다. 그가 지은 지혜의 책으로 불리는 '잠언'으로 두 자녀와 조카와 독서 토론하는 시간을 가졌다. 나는 독실한 기독교 신자는 아니지만, 아이들의 성장기에 꼭 필요한 훈육서라는 생각에 잠언을 선택했다. 이때는 집안 사정으로 외국에서 생활할 때였다. 어려운 형편으로 남편은 한국에서 일하고, 나는 외국에서 그야말로 무에서 유를 창조하며 살았다 해도 과언이 아닌 삶을 살았다. 그곳에서 쌍둥이 아들 둘, 조카 둘, 대학생 홈스테이 셋. 이렇게 7명의 생활과 교육을 책임지는 실질적인 보호자였다. 대학생 셋은 살림에 보탬이 되고자 집에서 함께 지내게 된 한국에서 온 유학생이다.

나는 독서지도사였고, 엄마 독서코치였기에 아이들을 교육하는 데 책이 가장 좋은 역할을 할 수 있다는 확신이 있었다. 고심 끝에 매주 토요일에 한 번씩 잠언을 낭독하고, 자신의 이야기에 대입해서 각자의 생각을 공유하는 시간을 가졌다. 아이들은 제법 해석에 깊이가 있었고, 때로는 고개를 끄덕여 다른 사람의 생각에 깊게 공감을 나타내는 의젓함도 보여주었다.

이후에도 한국 아이들이 방학이 되면 집에서 하는 독서캠프를 진행했다. 한국에서 방학을 맞은 15명 정도의 초등학생, 중학생 아이들이 3주간 학교체험, 독서토론, 주말이면 여행까지 이어지는 프로그램이었다. 이때도 나는 아이들의 엄마, 선생님의 역할을 해야 했기에 감정에 지배되지 않는 교육이 필요했다. 역시 훌륭한 책들이 아이들의 꿈을 찾는 여정에 친구가 되어주었다.

엄마가 독서코치가 되면 언제 어디서, 무슨 일을 만나든 아이와 함께 환경에 흔들림 없이 행복한 시간을 만들어갈 수 있다. 엄마는 팔짱을 끼고, 아이를 평가하는 사람이 아니다. 마음의 팔짱을 풀어 아이를 누구보다 긍정적으로 바라보고, 아이의 성공을 믿어주는 그런 큰 가치를 지닌 존재이지 않은가?

아이와 함께 책을 읽고, 아이의 마음을 느껴봤는가? 그렇다면 함께 글쓰기를 해보자. 글쓰기는 글자를 연습하는 행위가 주가 되는 것이 아니다. 어떤 학부모들은 독서전문가에게 아이의 글자를 똑바로 반듯반듯하게 쓸 수 있도록 교육할 것을 요구하기도 한다. 물론 글쓰기를 할 때 나도 아이에게 당부를 하나, 주객전도가 되어서는 절대 안 된다. 글쓰기 과정은 아이의 생각을 글로 표현해보는 귀중한 시간이다. 그 시간에는 아이의 뇌가 바쁘게 작동해서, 아이의 흩어져 있던 생각들을 하나의 주제로 모아가는 일을 열심히 한다.

엄마는 독서 후 글쓰기를 할 때 쉽게 구할 수 있는 공책이나 스케치북을 독서 활동지로 사용하면 된다. 시중에는 독서록이 나와 있으나, 부담 없으며 조금 더 효과적인 것은 일반 공책과 스케치북이다. 이곳에 줄을 긋고 직접 책 제목, 주제 제목, 날짜, 이름 등을 직접 쓰면서 글을 쓰는 기본 개념을 알아가는 시간이 되어줄 것이다.

쓰는 방법은 일반적인 독서감상문도 좋지만, 아이가 어리거나 독서 수준이 높지 않다면 그림으로 표현해볼 것을 추천한다. 이때 엄마도 함께 쓰기를 하면 일거양득의 효과를 누릴 수 있다.

첫째는 아이가 엄마와 함께 같은 책을 읽고, 함께 글을 쓸 때 엄마와 감정의 공감을 할 수 있다. 이 경험은 단순히 맛있는 것을 먹거나, 즐거운 놀이를 하며 웃을 때 일어나는 감정과는 확연한 차이가 있다. 책은 깊은 교훈과 감동이 있기에 어떤 것으로도 대체할 수 없는 공감을 통한 사랑과 평화로움을 선사해 주는 선물이다. 이런 느낌을 교감한 관계는 돈독한 관계뿐 아니라 절대로 무너지지 않는 신뢰가 쌓이게 된다. 이런 일을 많이 경험할수록 부모와 자식 간의 믿음과 사랑은 단단해질 수밖에 없을 것이다.

둘째는 엄마와 아이가 행복해질 수 있다. 우리는 언제나 고민을 떨쳐내는 능력이 부족해 고민과 걱정거리를 안고 사는 경우가 많다. 어떤 이와 고민을 토로하고, 상담해도 뾰족한 답을 주는 이는 없을 것이다. 문제의 원인과 해답은 본인이 가지고 있기에 자신 안에서 해결점을 찾아야 한다. 그것을 가능하게 하는 게 바로 책이다. 다양한 주제를 가진 책을 통해 자신의 근심을

책 읽는 아이로 키우는 엄마표 독서 코칭

날리고, 자기의 내면을 살펴 행복한 사람이 될 수 있다. 또한 쓰기 활동을 하며 분별력이 생겨 옳고 그름을 판단하는 지혜로운 사람이 되어 가는 것을 느낄 수 있다.

글쓰기를 했다면 다음은 발표하기를 해보자. 지식과 지혜의 완성은 말할 수 있어야 한다. 말할 수 없는 것은 알지 못하고 깨닫지 못한 것이라 해도 지나친 말이 아니다. 요즘은 말하기 능력을 꼭 갖추어야 한다. 말하기는 사람들과 함께 어울려 살면서 의사소통의 중요한 수단이다. 더 나아가 자신이 가진 신념을 상대방에게 이야기하고, 자신의 가치를 더 높일 수 있는 핵심적인 방법이다.

엄마와 아이가 자신이 쓴 글을 발표하기에 앞서 지켜야 할 규칙을 만들자. 서로 어색할 수도 있지만, 서로가 지켜나가야 할 규칙이 있다면 불편한 마음이 사라진다. 규칙은 발표 시간을 정해놓는 것, 발표에 대해 서로 객관적인 피드백을 할 수 있되 애정과 진심을 담아 짧게 할 것, 서로 경청을 잘하고, 진심으로 호응해 주기 등을 정해보자. 이외에도 엄마와 아이가 서로 의논해 규칙을 만들어가다 보면 그 과정에서 또 다른 성장이 따라올 것이다. 아이는 엄마와 가족 앞에서 당당한 자세를 연습하고 인정받다 보면, 학교생활에서도 자신감이 넘치는 발표를 하게 된다. 이것이 가능한 이유는 가장 사랑하는 사람들로부터 자신을 인정받았기 때문이다. 엄마는 아이의 조금 매끄럽지 않은 발표에도 적극적인 칭찬의 힘을 주어야 한다. 그 힘을 바탕으로 우리 아이는 어떤 발표수업에서도 기세등등할 것이다.

올해 고등학생이 된 제자가 학교에서 요구하는 숙제로 힘들어한 일이 있다. 1학기 때부터 많은 양의 프레젠테이션 과제 때문이다. 자유주제라 본인이 직접 주제를 선정해야 하고, 파워포인트로 보고서를 작성해서 발표까지 진행해야 했다. 세부 내용을 가르쳐 주는 이는 없다. 주제를 정하는 것은 학생들이 쌓아온 배경지식이 바탕이 되어야 할 것이고, 거기에 창의적이고 융합적인 사고능력이 더해지고 발표력까지 갖추게 되면 과제가 완성되는 것이었다. 이런 과제가 고등학교 학습 과정에만 한정 지어서는 안 되고, 앞으로 요구되는 능력을 연습하는 본격적인 시작으로 보는 것이 맞는 듯하다. 이후 대학교, 사회생활에서 수없이 발휘해야 할 순간이 많을 것이다.

어릴 때부터 엄마의 따스한 시선과 공감을 받은 아이는 다양한 실력이 실전을 통해 형성된다. 이런 과정을 통해 아이는 융합사고력을 갖춘 인재가 되고, 부모님과의 안정된 관계를 통해 진짜 자기의 정체성을 명확하게 인식할 수 있을 것이다. 또한 엄마도 글쓰기와 발표를 하면서 아이를 깊이 있게 알게 되고, 엄마 스스로 자신을 더 사랑하게 되는 계기가 마련된다.

엄마로서 성장하는 모습을 자녀에게 보여주어야 한다. 엄마는 핸드폰 삼매경에 빠져 있으면서 아이에게 독서해라, 일기 쓰라, 공부하라고 하면 아이 입장에는 엄마가 어떻게 보일지 성찰해봐야 한다. 아이에게 가장 훌륭한 교육은 엄마가 먼저 배움의 자세를 보여주는 것임을 명심하자.

책 읽는 아이로 키우는 엄마표 독서 코칭

05

미래 인재는
질문의 힘이 만든다

올해 가장 뜨거운 감자는 오픈AI가 개발한 대화형 인공지능 챗봇인 챗GPT이다. GPT는 'Generative Pre-trained Transformer'의 약자다. 우리말로는 '미리 훈련된 생성 변환기'를 뜻한다. 질문자의 의도에 맞게 적절한 자료를 조합해 알맞은 답을 정리해주는 맞춤형 AI인 셈이다.

나도 처음 이슈로 떠오를 때부터 2개의 GPT 앱을 이용해 다양한 질문을 던져봤다. 질문내용은 내가 운영 중인 학원의 발전 방안에 대한 것이었다. 큰 기대감 없이 던진 질문에 내가 계획해 온라인에 올려놓은 각종 홍보 글과 안내 글을 이용한 멋진 글이 완성되는 것이 아닌가. 오히려 내가 흩어놓은 다양한 생각들을 일목요연하게 정리를 딱 해주는데, 신기하면서도 다른 두 가지 생각이 들었다.

하나는 편리성과 완결성을 갖추고 있다는 것이었다. 이렇게 쉽게 말로 명령했을 뿐인데 제법 완성도가 높은 글을 받을 수 있다는 것이다. 특정된 전문가만의 영역이 아니라, 누구나 쉽게 사용할 수 있다는 점이 놀라울 따름이었다.

둘째는 이제는 미래 인류로 살아남기 위해 무엇을 해야 하는가에 대한 깊은 고찰이었다. 어차피 챗GPT는 앞으로 더 발전해 인간의 지식과 기능을 뛰어넘을 것인데, 우리 인간은 무엇을 준비해야 하는가?

약 3년 전 일이 떠올랐다. 중학생 6명과 토론수업을 진행할 때 일이다. 토론은 안건을 중심으로 각자의 주장을 펼쳐 상대방을 설득하는 방식으로 진행되는 수업이다. 설득을 위한 무기는 주장에 맞는 적절한 근거다. 이 근거를 찾기 위해 아이들에게 인터넷을 사용하게 했지만, 개인의 능력 차가 확연히게 날 수밖에 없는 노릇이었다. 자료가 넘쳐나는 인터넷 세상이지만, 핵심적인 검색어가 무엇인지 모르니 상대방의 허를 찌르는 근거가 나올 리가 만무했다.

그런데 챗GPT는 어떠한가? 아무리 최고의 성능을 가진 기계가 있더라도 사용자가 사용할 수 없다면 그야말로 무용지물이 될 수밖에 없다. 지금부터 단순한 지식만을 좇는 수업은 멈추어야 한다. 지식보다는 사고 성장을 주도하는 교육을 선택하고, 시간과 노력을 들여야 할 때이다. 그런 노력의 결과가 모여지면 비로소 질문할 수 있는 자가 될 수 있을 것이다. 즉, 챗GPT와 같은 고도의 인공지능을 이용할 수 있을 뿐만 아니라, 어떠한 미래가

책 읽는 아이로 키우는 엄마표 독서 코칭 "

닥쳐도 유연한 대처 능력을 발휘해 행복한 인류가 될 수 있다.

우리 아이 질문하는 힘을 어떻게 키울 수 있을지 막막한 마음으로 혼란스러울 수 있다. 내가 하는 질문이 문제해결을 할 수 있을 만큼 힘이 있는 것은 아닌지. 아니면 단순한 하소연을 질문으로 착각하며 위안하고 있을지도 모른다.

질문의 뜻은 알고자 하는 답을 얻기 위해 묻는 것이다. 좋은 질문은 자기가 알고자 하는 것이 무엇인지 정확하게 아는 것에서부터 출발한다. 인공지능은 우리가 흉내낼 수 없는 속도와 완성도 높은 결과로 이미 우리 생활 곳곳에 사용되고 있다. 미래를 살아갈 우리 아이가 과학 기술을 잘 활용할 수 있도록 질문하는 능력을 키우는 훈련과 교육이 신속히 진행해야 할 것이다.

질문하는 힘은 단언컨대 책에 있다고 확신할 수 있다. 질문은 많이 아는 사람이 잘하는 것을 익히 알고 있을 것이다.

우리나라 교육은 아직도 한 쪽 방향으로 향해 있는 상황이다. 선생님들과 제자들이 지식을 공유하거나, 궁금한 점을 해소하기 위해 끊임없는 질문과 대답을 주고받고 해야 하지만, 실상은 어떠한가? 아이들이 단체로 다루기 쉬운 존재가 되길 바라는 어른들은 아직도 권위적으로 아이들을 통제하고자 하는 언어를 많이 사용한다. 아이들이 학교에서 제일 많이 듣는 소리가 있다.

"조용히 해."
"입 다물어!"

과연 이런 일이 집과 학교에서 자행된다면, 우리나라의 미래를 걱정할 수밖에 없는 지경에 이를 수도 있다. 아이는 우리의 미래다. 미래는 질문하는 사람이 이끌고 나갈 것이다.

나는 철학 수업을 좋아한다. 아이들과 행복, 슬픔, 죽음, 우정, 기쁨 등에 대해 서로 묻고 대답하다 보면 어느새 별빛처럼 초롱초롱 빛나는 우리 아이들의 얼굴을 마주할 수 있기 때문이다. 아이들은 누구나 사실적 바탕이나 위인, 책 속 주인공의 삶을 자기 삶에 녹여 이야기하는 것을 좋아한다. 책이 매개체가 되면 일상 이야기도 문학적 소양을 담은 작품이 되니, 아이들은 책 속 즐거움을 온몸을 통해 자기 것으로 체득한다. 이 얼마나 희망적이며 가슴 떨릴 정도의 기쁨을 주는 일인지 모른다.

BC 4세기경 지중해에 있었던 고대 마케도니아의 왕, 알렉산더 대왕(재위 BC 336~BC 323)은 화합의 상징인 헬레니즘 문화를 이룩한 위대한 왕이다. 그는 그리스, 페르시아, 인도에 이르기까지의 대제국을 건설했다. 그뿐 아니라 피정복민들을 포용하고, 동등한 대우를 하며 그리스 문화와 동양 오리엔트 문화까지 융합시킨 위대한 왕이다.

알렉산드로스 3세라고도 불리는 알렉산더 대왕은 20세에 왕위에 올랐다. 이토록 어린 왕이 세계 역사에서 위대한 왕이 될 수 있었던 이유를 책에서 찾을 수 있었다. 그는 누구보다 지혜를 얻기 위해 노력하고, 끊임없이 책과 지혜를 탐구하고, 자신의 깨달음을 위해 노력했음을 알 수 있다.

책 읽는 아이로 키우는 엄마표 독서 코칭

누구나 알고 있는 철학자, 당시의 대학자인 아리스토텔레스가 마케도니아 궁정에 초빙되어, 3년 동안 그에게 의학, 윤리학, 문학, 정치학, 자연과학, 철학 등을 가르쳤다. 알렉산더 대왕의 행적은 스승인 아리스토텔레스와 나눈 대화와 책을 통해 지혜를 얻고자 노력한 그의 독서 자세에서 찾을 수 있다.

그는 호메로스의 시를 좋아해 전쟁을 나갈 때도 그 책을 지니고 다녔다고 하니, 그는 지독한 독서가였음이 틀림없다. 독서의 힘과 스승 아리스토텔레스에게 질문하고 답으로 들었던 것이 깨달음이 되어, 그를 세상에서 위대한 왕으로 기억하게 했다는 것은 동의하지 않을 수 없다.

질문은 세상을 바꿀 수 있다는 것을 인식해야 한다. 인류가 과학 기술이 눈부시게 발전한 지구에서 살게 된 것은 누군가의 호기심 덕분이다. 잠깐 예를 들어보면 과학자 '뉴턴'의 '만유인력법칙'도 그의 호기심이 있었기에 가능했던 일이다.

세계 굴지의 기업들은 이익이 되는 일에 투자한다. '메타플랫폼'은 페이스북과 인스타그램의 모회사이기도 한데, 챗GPT 개발사인 오픈AI를 따라잡기 위해 시스템 개발에 힘쓰고 있다. 삼성도 기업 내에서 사용할 업무보조용 AI챗봇 연구개발이 진행되고 있다.

1980년에 우리나라에 컬러 TV가 도입되자, 바보상자로 여겨 어른들로부터 걱정을 들어야 했다. 2000년 초에 핸드폰 보급, 인터넷 메신저 등 과학은 빛의 속도보다 빠르게 발전하고 있다.

앞으로 어떤 세상이 펼쳐질지 모르니 미래가 두려울 수도 있다.

하지만 책을 읽으며 상상하고, 독서 습관을 만들어야 한다. 또한 그것으로 그치는 것이 아니라, 생각이 바탕이 된 질문과 답을 하자.

"줄거리 말해 봐, 주인공은 누구야?"

아이의 독서 확인만을 위한 학습적인 질문은 아이의 생각 성장에 도움이 되지 못한다.

"알렉산더 대왕이 다른 나라의 문화를 존중하는 모습을 보고, 우리도 나와 다른 타인을 대할 때 어떤 자세를 가져야 할까요?"

아이가 책을 읽고, 주제를 확산하는 질문이라 할 수 있다. 생각하는 질문은 반드시 아이들을 한층 더 성장시킬 수 있다.

조금 더 품격 있는 질문이 무엇인지 생각해야 한다. 아이의 미래를 상상하며 신중하게 독서를 통한 질문을 하는 연습부터 해야 할 것이다. 그것이 고도로 발달한 미래를 살아가는 방법이 된다는 것을 절대 잊지 않기를 바란다.

06 꼬리에 꼬리를 무는
독서법

호기심은 태어날 때부터 가지고 태어난다. 하지만 어느 순간 부터 궁금한 것이 사라지고, 얌전하게 순응하는 아이가 이른바 착한 아이의 상징이 되었다. 바로 학교나 학원, 집에서조차 호기심을 가지고 질문하는 아이는 불편한 존재로 각인되기 일쑤다.

"선생님, 정후는 학교에서 선생님이나 아이들이 싫어해요."

난데없이 6학년 아이가 묻지도 않는 말을 한다. 그 아이 말에 마음이 불편해 자세한 이야기를 물어봤다. 왜냐하면 정후는 독서량도 많고, 해박하고 활기찬 수업을 하는 아이라 갑자기 듣게 된 말에 의구심이 들었기 때문이다.

"수업 시간에 자꾸 아는 것을 이야기하고, 선생님께 질문을 계

속하니까 선생님이 불편해하시고, 아이들도 짜증나고요."

이 말을 듣고 나니 정후가 안타까워지고, 내 마음이 슬퍼졌다. 정후는 정이 많아 학교 도서관 선생님께 다독상으로 받은 핫도그 쿠폰을 꼭 나에게 쓰는 아이다. 독서수업을 할 때면 해박함으로 내가 모르는 내용이나 놓치는 부분을 잘 찾아줘 감사한 아이다. 그런데 그런 부분이 공교육에서는 불편함을 줘 은근히 따돌림을 받는 아이가 되어 버렸다니…….

정후는 중국에 주재원으로 나간 부모님을 따라 4년간 유학하고 돌아왔다. 정후가 다닌 중국 학교에서 토론식 수업이 많아 자신이 아는 것, 생각하는 것을 자유롭게 표현하는 것을 몸에 익혀 온 터였다. 한국 학교 수업 방식과 또래 아이들의 성향이 파악이 안 된 상태였고, 그것에 맞춰 호기심을 감추지 않고 수업을 진행했을 뿐이다. 이 사실을 알게 된 뒤 내 마음이 더 착잡해졌다.

아이들은 아이임에도 불구하고, 타인을 인정하는 열린 사고가 턱없이 부족하다. 자신보다 많이 알고 적극적으로 수업에 참여하면 '관종'이라 불리기도 한다. 물론 학교 수업은 개인뿐 아니라 공동체의 이익을 우선하는 게 교육목표라 할 수 있다. 그런 측면에서 정후의 호기심과 적극성이 곡해되고, 비난의 대상이 될 수밖에 없을 수도 있다. 하지만 교육 현장에서는 아이들의 호기심을 풀어주고 다양성을 인정하며 각각의 재능과 꿈을 찾을 수 있도록 디딤돌 역할을 해야 하지 않을까?

책 읽는 아이로 키우는 엄마표 독서 코칭 ""

세상은 생각이 앞서가는 사람들의 호기심으로 발전해왔다 해도 과언이 아니다. 세상에 존재해왔던 것에 새로운 호기심을 던진 사람들로부터 인류는 새로운 발견과 발전을 이어올 수 있었다. 예를 들어 '만유인력'을 발견한 과학자로 유명한 아이작 뉴턴(Isaac Newton)은 불우한 환경과 몸과 마음이 고통스러운 시간을 보내야 했다. 하지만 그런 환경에도 그는 호기심과 지적탐구는 누구보다 왕성했고, 그 호기심을 풀기 위해 꼬리에 꼬리를 무는 연구를 멈추지 않았다. 그런 과정에서 뉴턴은 연금술, 광학, 수학자, 물리학, 천문학 등 영국 과학의 대부라 불린다. 그는 남다른 호기심과 깊은 관찰력으로 세계 과학 역사에 한 획을 그은 과학자로 불리게 된 것이다.

꼬리에 꼬리를 무는 독서법은 바로 호기심에서 출발한다. '슬로리딩' 독서법이 바탕이 되어야 가능하다. 슬로리딩은 용어 그대로 한 권의 책을 제대로 읽는데 목표가 있는 것으로, 천천히 깊이 있게 몇 번을 반복해서 읽고, 다양한 활동을 해보는 것을 의미한다. 이 교육법을 창시한 하시모토 다케시(橋本武)는 30여 년 전에 일본 고베시 나다 중·고등학교에서 슬로리딩으로 수업을 진행했다. 이 수업은 자발성과 즐거움을 바탕으로 진행하는 데서 긍정적인 학습법으로 연결된다. 무엇보다 학생 시절을 넘어 독립적인 주체자가 되는 성인에 이르기까지 삶에 전반적으로 긍정적인 영향을 줄 수밖에 없다.

우리나라는 독서조차 입시를 위한 사실적 도구로 인식하고,

사용하고 있는 경우가 흔하다. 아이가 가진 개성과 관심, 독서력을 전혀 고려하지 않고, 입시에 나오는 것이니 무조건 읽기를 강요하고 확인 학습을 한다. 이것은 행복, 존중의 절대가치를 느끼는 독서가 될 수 없고, 아이의 삶에 긍정적 영향도 기대할 수 없다. 원하는 미래를 살기 위해 반드시 시간과 열정이 투자되어야 함은 당연하다. 그러나 주객전도가 되면 안 된다는 것이다. 제대로 된 독서를 하면 학습까지 잘할 수 있는 것인데, 이 사실이 거꾸로 인식되는 것을 조심해야 한다.

나는 엄마가 아이와 슬로리딩을 하기를 바란다. 책 한 권을 제대로 읽은 후, 그 책을 중심으로 다양한 사고로 무한대로 뻗어갈 수 있다. 엄마들이 아이의 책을 읽는 책을 고민할 때 비문학 부분을 읽지 않는다는 것이 가장 큰 문제로 지적한다. 하지만 슬로리딩을 하면 얼마든지 다양한 분야의 책으로 연계 독서가 가능해진다.

예를 들어 아이가 현진건 작가의 《운수 좋은 날》을 슬로리딩으로 읽는다고 생각해보자. 몇 번을 꼼꼼하게 읽은 뒤라 내용 파악은 충분히 이루어진 상태일 것이다. 아이가 제대로 된 독서법으로 책을 읽다 보면 호기심이 생겨날 것이다. 주인공이 살았던 시대는 언제이며 장소는 어디인지, 주인공 아내의 죽음에 대한 원인 등 꼬리에 꼬리를 무는 독서가 진행된다. 아이의 상상력은 내면에 뿌리를 내려 책을 읽고 해결해보려 할 것이다. 역사, 지도, 교통수단의 흐름, 주인공 아내의 죽음에 이르기까지 많은 호기심이 생겨난다. 아이는 그것을 풀어가는 과정에서 스스로

책 읽는 아이로 키우는 엄마표 독서 코칭

선택한 책으로 문제해결을 하는 능력을 지닌다. 즉, 자기 주도적 학습 능력까지 발달하는 효과를 경험하게 될 것이 틀림없다.

엄마는 아이의 호기심을 막는 독서와 공부를 멈추어야 한다. 엄마들이 흔히 하는 말들이 있다. "엄마가 살아보고, 공부해보니 이게 정답이더라" 등 자신이 살아오며 공부했던 방법을 자꾸 해답이라 착각하고, 아이에게 강제한다. 엄마로서 아이를 보호하고, 가장 안전하게 성장시키는 것이라 여기고 행동하는 것이 어쩜 아이의 자율성, 창의성, 융합사고력까지 해치고 있지는 않은지 고찰해봐야 할 것이다.

얼마 전부터 인공지능을 기반으로 하는 대화형 챗봇을 의미하는 챗GPT로 세계가 떠들썩했다. 상호작용이 가능하며 많은 양의 정보를 처리하는 능력을 기반으로 하루가 다르게 발전하는 정확성과 확장성이 놀라울 따름이다. 앞으로 우리가 상상할 수도 없는 세계가 열릴 것인데, 그 속에서 우리 아이의 역할과 위치가 어떠하면 좋을지 찬찬히 생각해볼 필요가 있다. 단순한 지식으로는 인공지능을 능가할 수 없는 시대가 이미 시작되었는데, 아이를 키우는 엄마는 고전적인 방법에 머물러 있어서는 안 될 것이다. 아이의 현재와 미래를 위한 독서법의 선택과 신중함이 어느 때보다 절실해졌음을 잊어서는 안 된다.

세상을 발전시킨 존재는 모두 호기심에서 출발했다. 엄마가 보기에 아이의 호기심과 그에 따른 질문이 다소 생뚱맞고, 이치에 맞지 않는 것이 있을 수 있다. 하지만 그것이 오히려 세상을 바꾼 위대한 힘이 되었음을 잊어서는 안 된다.

엄마는 아이에게 무한 호기심에 호기심을 더하는 책을 읽을 수 있도록 해주어야 한다. 그것이 융합사고력을 키우는 첫걸음이 될 것이다. 독서 중이나 후에 책과 관련한 주제로 여러 이야기를 하도록 하자. 그런 후 꼬리에 꼬리를 물어 연계 도서를 선정하고 차곡차곡 읽고, 정리하며 다양한 질문을 하도록 해야 한다. 이런 방법이 폭넓은 독서를 가능하게 하고, 호기심이 해결되면 자기의 자존감은 당연히 강해지면서 자신의 꿈을 찾게 될 것이다.

책 읽는 아이로 키우는 엄마표 독서 코칭

독후활동 자료를 모아
작품집으로 묶어보기

"소윤아, 이 책은 소윤이가 지금껏 쓴 독서감상문을 묶은 작품집이야. 여기 표지에 자신만의 책의 제목을 정해주고, 자유롭게 책을 나타내줘!"

1년간 쓴 독서감상문을 반듯하게 묶어, 완성된 작품집을 위해 글을 쓴 주인공, 꼬마 작가에게 표지 만들기를 부탁했다.

"우와, 신기하다. 이렇게 만드니 진짜 책 같아요!"

소윤이는 신기한 보물상자를 열 듯 조심히 한 장, 한 장 작품을 넘기며, 1년 동안의 책을 읽고 글을 쓸 때 느꼈던 기억을 불러내기 바쁘다. 표지는 예술작품이다. 책 제목은 당당하게 '소윤이의 독서 성장 일기'라고 지어주니 소윤이의 책이 생명을 받은 듯 살아 꿈틀거리는 듯했다. 소윤이의 입가에 미소가 번지는 모습을 보니, 나도 새삼 가슴이 기쁨으로 벅차올랐다. 출간하는 책은 아닐지라도, 소윤이는 가슴 속 자기에 대한 자랑스러움을 경험했으니, 이 순간의 감정을 고이 간직할 것이다.

내가 독서지도사로 살아오며 중요하게 생각하는 것은 아이들이 자신을 뿌듯하게 여기는 것이다. 아이가 책을 잘 읽을 수도 있고, 그렇지 않을 수도 있다. 아이가 말을 잘할 수도 있고, 그렇지 않을 수도 있다. 아이가 글을 잘 쓸 수도 있고, 그렇지 않을 수도 있다. 이 아이들 모두 자신 안에 숨은 자질과 꿈을 찾아주는 게 내 역할이다. 그런 과정에서 제일 확실하고 핵심적인 것은 아이들이 날마다 조금씩 나아진다는 것이다. 책을 읽고 말하고 글을 쓰는 과정을 즐길 줄 알고, 그러는 동안 자신감으로 충만하기를. 그리하여 진짜 자기 꿈을 이루어가기를 바랄 뿐이다. 작품집은 그러한 결과이고, 그렇게 되어가는 과정인 셈이다.

존 스튜어트 밀(John Stuart Mill)은 19세기 영국의 사회학자, 철학자, 정치경제학자다. 그는 논리학, 윤리학, 정치학, 사회평론 등에 걸쳐 방대한 저술을 남겼다. 그의 어린 시절 특별했던 독서법을 엄마가 아이에게 독서코치를 할 때 참고로 하면 좋은 교과서로 여겨도 될 것이다. 그의 독서 방법을 따라가보자.

그는 어린 시절부터 아버지로부터 독서교육을 받았다. 그의 7단계 독서법은 첫째, 책에 대한 두려움을 없애기 위해 어려운 책을 읽기 전에 해설서를 먼저 읽은 것이다. 책의 정보를 파악

책 읽는 아이로 키우는 엄마표 독서 코칭 "

함으로써 쉽게 책과 친해질 수 있다. 엄마는 도서 정보를 간략하게 아이와 함께 이야기를 나누어보는 것도 책에 대한 흥미를 끌기에 좋은 방법이다.

둘째, 책의 내용이 이해가 잘되지 않더라도 빠르게 통독하라. 통독을 통해 책을 전체적으로 훑어보기를 하는 것이다. 내용을 어림짐작해보며 책과 친밀감을 형성할 수 있다.

셋째, 통독했던 책을 2번 정독하라. 이는 책을 읽다가 어려운 부분은 반복해서 읽어보자. 그러는 중에 책을 이해하기 위한 노력과 함께 자신의 의견을 메모해두자.

넷째, 2회 정독을 마친 후에 중요한 내용을 필사하라. 필사하다 보면 정독한 책의 내용이 머릿속에 차곡차곡 정리하는 것이다.

다섯째, 관련 주제의 책을 여러 권 읽어나가라. 일종의 슬로리딩 독서법인데, 관련 도서를 읽을 때도 똑같은 방법으로 반복한다. 이런 노력은 해당 분야에 대해 깊고 넓은 지식을 갖게 한다.

여섯째, 독서한 내용을 토론하며 남에게 가르쳐라. 남을 가르치는 게 최고의 공부법 중 하나이고, 지식을 완전히 자신의 것으로 만드는 방법이다.

마지막으로 일곱째, 자신이 알게 된 것과 느낀 점을 중점으로 글쓰기를 진행한다. 글쓰기는 독서법과 공부의 완성이다. 글쓰기를 통해 지식을 체계적으로 정리할 뿐만 아니라, 책 주제를 자신의 것으로 받아들여 깨달음과 동시에 생각하는 수준이 상승하게 된다.

여기에 하나 더 중요한 것은 글쓰기를 모아 작품집을 만들어보라는 것이다. 우리 아이들이 자기의 생각과 감정을 표현한 귀중한 글쓰기를 모아 하나의 책으로 묶어보기를 권한다. 엄청 거창할 필요는 없다. 엄마와 아이 손으로 직접 만들어보는 과정에서 또 다른 공감의 시간을 가질 수 있기 때문이다.

처음부터 엄마의 독서에 대한 욕심을 버려야 한다. 마음이 앞서면 독서는 많은 장점을 뒤로하고, 오히려 역효과를 낼 수 있다. 아이가 진심으로 감동하는 과정을 경험하는 것, 책을 보며 상상의 힘을 배워 행복이 무엇인지를 스스로 깨닫게 되는 것 등을 목표로 하기를 바란다.

독서 후 쓰기 활동은 책의 주제와 가치를 자기 것으로 만드는 중요한 시간이다. 아이는 읽기, 말하기 단계까지 잘 진행해왔을 것이다. 엄마는 이때 주의해야 할 점은 글자를 가르치는 시간과 혼동하지 말라는 것이다. 아이가 독서하며 독후활동까지 이어지는 과정은 아이의 생각이 자라는데 최상의 영양제를 주는 시간이다. 더불어 아이의 뇌 발달, 집중력, 몰입을 연습하며 인내의 시간을 채워가고 있다는 말이다. 아이의 생각을 존중하는 글쓰기가 반드시 선행되어야 한다.

글쓰기는 저명한 작가들도 힘든 시간이라고 입을 모아 이야기한다. 머릿속에 있는 보이지 않는 생각에 글쓴이가 정성을 다해 생명의 입김을 불어 세상에 탄생시키는 고귀한 활동이다. 어린 우리 아이의 글쓰기는 아이의 모든 것이 담긴 예술이 될 수 있다. 글자가 비뚤비뚤하고, 받침이 날아가 춤을 추고, 글자 친구들이 사이좋게 다닥다닥 붙어 있어도 아이의 예술품에 손뼉부터 치도록 하자.

어느 날, 한 아이가 예술가의 혼을 불어넣듯 정성껏 꾸민 작품집을 내내 자기 파일함에 보관하는 것을 본 적이 있다. 그 이유를 물어보니 집에 가져가면 엄마가 글자부터 내용, 글 양에 대해 꾸지람부터 하실 거라는 걱정스러운 대답이 돌아왔다. 누누이 엄마들에게 부탁하고 당부하고 싶다. 아이가 작품집을 만들기까지 결코 쉬운 일이 아니었고, 많은 시간을 참고 견디고, 성장해온 결과물이니 그 마음부터 칭찬해 달라고. 아이는 바로 그럴 때 자신을 더 사랑하게 되는 것이다. 어쩜 아이의 첫 꿈이 이루어지는 역사적인 순간이 될 수 있다.

엄마와 아이가 함께 완성 시킨 작품집은 어떤 날개를 달게 될지 모르는 일이다. 어떤 날개는 아이를 누구보다 자신의 꿈에 집중하게 해서 꿈을 이루는 아이가 되는 곳으로 보내줄 수도 있다. 또 어떤 날개는 아이의 학교생활을 할 때나 사회인이 되었을 때 누구보다 자신감이 넘치는 리더로 키우는 날갯짓을 할 수도 있다. 상상만으로도 행복해지지 않은가?

아이와 함께 책으로 하는 활동은 엄마의 평정심이 요구될 수 있다. 그러나 엄마도 아이와 행복한 시간을 보낸다는 목표를 정해보자. 책에서 쏟아지는 별빛의 향기를 맡고, 꿈을 찾아 모험을 떠나는 주인공들의 용기에 박수를 보내는 것도 잊지 말자. 아이와 함께 푹 빠져든 독서 세계에는 엄마의 꿈도 기다리고 있다고 알려주고 싶다. 아이와 함께 어떤 놀이보다 재미있게 독서와 독후활동, 작품집에 희망과 추억을 가득 담아보자. 아이의 숨겨진 빛나는 재능까지 발견하게 될 것이다. 단 엄마가 칭찬과 감탄으로 아이를 바라볼 때 이 모든 것이 가능해진다.

아이는 작품집을 통해 자신이 느꼈던 마음과 지혜와 각오를 소중하게 여기는 마음을 가지게 된다. 아이는 자신의 글을 완성하는 과정에서 상상할 수 없을 정도로 성장을 하게 된다. 자기의 생각이 성장하는 것을 직관적으로 확인할 수 있는 것이 글을 모은 작품집이다. 아이는 이를 통해 자신을 진심으로 존중하는 자세를 가지는 일이 일어난다. 글을 통해 먼 훗날 자신을 돌아보는 겸허함을 가지게 될 뿐 아니라, 그때의 기억이 내일을 살아가는 데 든든한 지침서 역할을 할 것임이 틀림없다.

코치노트

| 제4장 | 행복한 아이로 키우는 엄마표 독서 코칭 |

두뇌 발달과 독서 코칭

· 아이의 뇌 발달 상태를 바탕으로 두뇌 자극을 주는 것이 중요하다. 발달 단계에 맞춘 아이 교육이 이루어져야 한다.

· 뇌를 깨우는 행동은 중요한 의미가 있다. 특히 오감을 깨우는 훈련은 중요한데, 책을 이용하면 더 흥미로우며 지속성을 가질 수 있다.

시기	뇌 발달 상황	교육 방법	책 종류
신생아 ~ 만 3세	- 전두엽, 두정엽, 후두엽 등 뇌의 기본골격 형성 - 신경 세포끼리 연결 회로가 만들어진다.	- 뇌를 골고루 발달시키는 교육 필요 - 운동과 감각을 통한 학습 효과적(무리한 언어교육,일방적인 학습 지양) - 오감체험 교육 - 정교한 장난감, 흉내·역할 놀이, 공 놀이, 악기 놀이	그림책 - 인지발달을 위한 일상생활을 주제, 색깔이 선명하고, 윤곽이 뚜렷한 책
3세 ~ 6세	- 종합적 사고, 인간성 도덕성 기능을 담당하는 전두엽 발달 집중 - 정서적 뇌 성숙	- 정서적 공감형성 - 부모가 도덕적 모범 - 대화와 기다림 - 호기심 충족을 위한 체험 - 규칙이 있는 놀이로 사회성 발달 유도 - 즐거운 학습과정	- 생활그림책 - 다양한 색상과 다양한 주제의 책 - 재미와 감동이 골고루 담겨 있는 책 명작동화, 전래동화, 창작동화
6세 ~ 12세	- 종합적 사고, 인간성 도덕성 기능을 담당하는 전두엽 발달 집중 - 정서적 뇌 성숙	- 외국어, 말하기, 듣기, 쓰기, 읽기 교육이 효과적이나 너무 일찍 외국어를 가르치면 사춘기 때는 역효과 - 고전과 명작을 읽어 국어 실력을 올린다. - 물리, 수학능력 발달 - 논리력 좋아함.	- 정서조절능력이 중요한 시기 - 초등 저학년은 구체적이고 직접적인 사물이 나오는 책 - 초등 중학년은 다양한 주제가 있는 책, 우정, 모험, 사회, 과학, 위인 관련 책 - 초등 고학년은 논리적 사고를 할 수 있는 책, 비판이 가능, 역사책 - 소년, 소녀가 주인공이 되어 어려운 문제를 해결하는 내용 - 세계관이 넓어질 수 있는 책

자녀의 성공을
여는 열쇠는
독서다

01

내 아이가 만날
미래 이야기

친정어머니는 1936년생으로 올해 87세가 되셨다. 어머니는 이런 세상이 올 거라고는 꿈도 못 꿨다고 늘 말씀하신다. 이 말씀은 내가 살아가는 데 도움이 될 때가 많다. 어머니는 경상남도 합천 산골 마을에서 태어나셨다. 그곳에서 일제강점기, 한국전쟁, 새마을운동까지 겪고, 대구로 이사하셨다. 대구에서는 급변하는 산업화 시대에 노동자셨고, 88서울올림픽, 1997년 IMF로 인한 금융위기, 지금 인공시대까지 경험하고 계신다. 보릿고개 시절을 사셨던 어머니는 지금 이런 시대를 짐작하셨을 리가 만무하다. 그야말로 어머니는 우리나라 역사 그 자체이신 것이다.

만약 친정어머니께서 미래를 예측할 수 있었다면 어땠을까? 이런 생각을 가끔 할 때가 있었다. 그건 친정집 주변으로 아파트 개발과 도로가 정비되어 차들이 쌩쌩 달리는 모습을 볼 때마다 잠깐 스치는 생각은 '부모님께서 저 주변에 땅을 갖고 계셨더라면 좋았을걸'이다. 가볍게 해보는 생각이기는 하지만, 앞으로 다가올 미래를 짐작해볼 때 엄마의 삶이 파노라마처럼 지나가 나를 깨운다.

우리 아이도 지금 우리가 상상하기 어려운 미래와 마주할 것이다. 지금을 살아가는 어른들도 빠르게 변화하는 세상의 속도를 따라가는 것이 그렇게 쉬운 일은 아니다. 새로운 기술이 나오면 1년이 채 지나기도 전에 상용화가 되어 일상에 녹아든다. 미래는 마치 캄캄한 터널 속을 걸어가는 것처럼 느껴질 수도 있다. 하지만 우리는 예측할 수도 있고, 미래를 이끌어갈 수도 있는 능력이 있다. 특히 우리 아이에게는 더 아름답고, 행복한 미래가 펼쳐질 가능성이 크다는 사실을 기억해야 한다. 그러기 위해 엄마가 아이의 미래를 위해 어떤 교육 방향을 제시할 것인지 심사숙고해야 할 것이다. 세상에는 우리가 가진 의문을 해결해 줄 명확한 답은 없다. 하지만 확실한 것은 문제를 해결하기 위해 방법을 열심히 찾는 과정에서 다양한 경험을 쌓게 되고, 그 속에서 자신의 명확한 길을 발견한다는 것이다.

엄마는 아이가 알 수 없는 캄캄한 미래에 대한 두려운 마음이 환한 빛이 있는 곳으로 갈 수 있도록 교육해야 한다. 그러기 위해 첫째, 아이가 큰 꿈을 그릴 수 있도록 자기를 사랑하는 마음을 가지도록 하자. 나는 아이와 첫 만남에서는 아이의 꿈에 관해 질문한다. 10명을 물어보면 약 1~2명 정도가 자신의 꿈을 이야기할 뿐이다. 중학생이 되면 자유학년제라는 제도를 통해 진로 탐색의 시간을 갖는다. 이후 고등학교에 가면 빠르게 진로를 결정해 대학을 준비하는 시간을 앞당겨 전념하게 하려 한다. 아이러니하게도 꿈과 관련한 질문에 답을 하는 아이들이 거의 초등학생이라는 것이다. 중학생이 되면 잘 모르겠다는 말을 많이 하고, 고등학생이 되면 자기 성적을 먼저 이야기하고 맞춤 제작을 하는 가게처럼 대학을 말한다. 성적에 잘 맞춰 대학가는 것이 자신의 꿈이 된 아이들은 자기 마음에서 나는 소리에 귀 기울여 본 적은 있을까? 나는 무엇을 좋아하고, 어떤 행복을 꿈꾸며, 미래에 나는 어떤 사람으로 살 것인가? 이런 본질적인 질문을 던져봤을까?

"당신이 할 수 있는 가장 큰 모험은 당신이 꿈꾸는 삶을 사는 것이다."
"세상의 모든 일은 여러분이 무엇을 생각하느냐에 따라 일어납니다."

미국 방송인 오프라 윈프리(Oprah Gail Winfrey)는 어린 시절 불우한 환경과 시련을 이겨내고 성공한 삶을 살고 있다. 세상의 중심은 내가 무엇을 꿈꾸고, 생각하고, 행동하느냐에 달려 있다. 절대 자기 자신을 외면해서는 안 된다. 다른 사람이나 나쁜 환경이 자신을 마음대로 할 수 없다는 것을 명심해야 한다. 그녀는 고통 속에서도 큰 꿈을 이룰 수 있도록 원동력이 되어준 것은 독서다.

"무엇보다 내가 독서를 가장 사랑하는 이유는, 책 읽기를 통해 더 높은 곳으로 향할 수 있는 능력을 얻을 수 있기 때문이다. 독서는 우리가 계속 위로 올라갈 수 있는 디딤돌이 되어준다."

그녀가 자신의 꿈을 이루는 데 자양분이 된 독서의 힘을 보여주는 글이다. 우리 아이가 자신을 사랑하는 사람으로 거듭날 수 있도록 독서의 힘을 믿어보자.

둘째, 미래는 과거를 통해 배울 수 있다. 역사는 과거를 담은 미래의 거울이다. 엄마가 아이를 양육하면 늘 햇볕같이 따스한 온기만 도는 것이 아니다. 아이를 잘 키워야 한다는 무거운 책임감으로 옳고 그름의 판단이 흐려지고 길을 잃을 때도 많다. 이때 과거에서 현자를 만나고 스승을 만나기를 추천한다. 아이가 역사를 공부할 때 시험점수를 잘 받기 위한 도구로만 여겨지는 풍토가 아쉽다. 역사를 아는 것은 현재를 충실히 살아가게 하는 힘을 얻고, 미래를 준비하는 혜안을 갖는 것이다. 역사의 큰 흐름을 읽고, 시대를 이끌어 온 지도자들이나 위인들의 삶을 접해보자. 그들의 업적도 중요하지만, 자신의 고통을 극복한 방법과 리더십을 키운 방법은 무엇인지를 느껴보기를 바란다.

"무슨 일을 시작하든지 된다는 확신 90%와 반드시 되게 할 수 있다는 자신감 10% 외에 안될 수도 있다는 생각은 단 1%도 가지지 않는다."

책 읽는 아이로 키우는 엄마표 독서 코칭

현대그룹 창업주인 정주영 회장은 빈농의 아들로 태어나 오늘날 초등학교에 해당하는 소학교를 졸업하고도 신념과 신용을 생명처럼 지켜 오늘날 현대그룹의 초석을 다졌다. 그는 공부하고 생각하는 삶을 사는 것을 중요하게 생각했다.

셋째, 아이가 미래에 대처하는 유연성을 지닐 수 있도록 해야 한다. 최근 몇 년간 발전한 과학기술이 사회에 접목되는 것을 보며 마치 미래는 새로운 기술이 줄을 서서 기다리고 있는 듯하다. 신문물에 적응하려는 순간, 기능이 더 향상된 제품이나 기술이 쏟아진다. 바짝 정신을 차리지 않으면 학생들이나 아들들이 하는 말을 알아듣지 못할 지경이다. 자칫 외계어처럼 느껴지는 용어들도 많다. 그러나 독서와 경험을 많이 하면 적응하지 못할 일이 없다는 것도 몸소 느낀다.

책은 미래 세계를 당겨 보여주는 것이 많다. 과학이 작가의 상상으로 채워진 책이나 영화에서 영감을 얻어 새로운 기술을 만들어가는 것일 수도 있다. 비단 과학기술에만 한정된 것은 아니다. 인류의 모든 일상과 생각을 목표지점까지 몰아가는 힘을 발휘하는 책도 있다. 아이가 미래에 적응하는 것을 넘어 미래를 이끌어갈 힘을 키워주는 꿈을 꾸어야 한다.

"미래는 우리가 만드는 것입니다."

미국 제46대 대통령의 부인이자 변호사인 미셸 오바마(Michelle Obama)의 명언처럼 미래는 자기가 만들어가는 것임을 잊지 말자.

세상이 어떤 모습으로 변한다 해도 환경에 굴하지 않는 강한 아이로 키워야 한다. 엄마는 아이가 환경에 흔들리는 사람이 아니라, 그 변화를 이끌어갈 수 있는 능력을 키울 수 있도록 돕자. 우리 아이는 아직 시간이 있지 않은가? 어리면 어릴수록 미래를 준비하기에는 유리할 수 있다. 아이가 가슴 떨리는 꿈을 가질 수 있도록, 미래를 누군가에 의해서가 아니라 자기 자신이 당당하게 만들어가도록 힘을 키워주자. 엄마의 생각으로 자신만의 생각으로 아이의 꿈을 재단하는 것을 멈추고, 아이의 목소리에 귀를 기울이는 것부터 시작하자. 그것이 행복한 아이의 미래 이야기가 될 것이다.

02

세계시민이 되는
독서

시민은 민주주의 사회를 이루는 구성원이며, 주체적인 존재로서 권리와 의무를 동시에 가지고 있다. 고대 그리스 폴리스 도시국가에서는 특권계급의 상징으로 인식되었으나, 중세를 거쳐 근대에는 상공업을 중심으로 부를 축적한 부르주아 계급을 일컫는 의미다. 또한 절대왕정을 무너뜨린 시민혁명을 주도한 계층이며, 오늘날에는 대다수의 사회 구성원을 시민이라 한다.

우리 아이는 내가 사는 지역의 시민을 넘어 세계시민으로 살아가야 한다. 세계시민은 '지구촌 공동체' 속 시민으로 인식하며, 국가, 정치적 이념과 특정한 지역을 넘어 지구 전체를 하나라는 개념에서 출발한다. 지구에서 일어나는 모든 문제를 지구라는 공동체 의식 안에서 세계시민으로서 책임과 의무, 권리를 다해야 하는 것이 핵심 정의다.

지구는 교통과 통신의 발달로 세계 여러 나라는 하나로 응집

되어, 각각이 아니라 함께 지구에 닥친 문제를 공유하며, 해결책을 모색하려는 의식이 필요해졌다. 지구에 당면한 시급한 문제는 환경, 식량, 전쟁, 자연재해 등 한 국가의 노력만으로는 개선하는 데 대부분 한계가 있다. 반드시 지구촌 국가들이 머리를 맞대어 함께 해결점을 찾으려는 노력이 동반해야 한다.

아이가 세계시민으로서 가져야 할 생각과 의식은 어릴 때부터 지닐 수 있도록 해야 한다. 생각과 의식은 자연스럽게 생겨나 맨땅에 뿌리를 내리고, 새싹을 틔우는 것이 아니다. 농부가 기름진 땅에 씨앗을 뿌리고, 굵직한 줄기와 가지에 달콤한 열매가 열리도록 정성을 들이지 않던가. 아이에게 좋은 토양, 햇빛이 되어주는 것은 온 세상을 만날 수 있는 책일 것이다. 엄마는 아이가 자신의 의식 수준을 한층 높이고, 스스로 세계시민으로서 당당히 권리와 의무를 다할 수 있도록 아이에게 옳은 방향으로 인도해야 할 의무가 있음을 기억해야 한다.

책은 아이가 길을 잃지 않고, 가고자 하는 곳으로 갈 수 있도록 빛이 되어줄 것이다. 아이가 세계를 자연스럽게 알아가도록 엄마와 함께 다양한 경험을 쌓도록 해보자. 지구촌에 존재하는 나라의 문화, 역사, 언어, 지리 등을 알고 이해하는 태도와 실천이 필요하다. 우리는 자신이 알지 못하는 것에는 관심뿐만 아니라 작은 호기심조차 생기지 않을 수밖에 없다. 세상은 아는 만큼 보이는 것이니, 앎에 집중하는 자세를 습관화해야 한다.

아이에게 꼭 필요한 기초훈련부터 시행해보자. 엄마는 세상은 더 넓고, 신비로운 일들이 많이 일어나는 긍정적인 곳이라고 아이가 느낄 수 있도록 도와주자. 제일 먼저 세계지도를 펴거나 지구본을 돌려 지구의 땅과 바다의 모양을 익히도록 하자.

얼마 전까지 집안 큰 벽면을 차지하는 것은 세계지도와 나라별 수도, 국기 등 다양한 정보가 빽빽한 주제도 같은 것들이었다. 지금은 과학기술의 발전으로 지도가 더 세밀하고 선명해졌다. 독서교육을 하다 보면 세계지도를 볼 일이 많은데, 초등학교 고학년이 되어도 세계 지리나 국가명이나 수도 등 기본적인 상식이 부족한 아이들이 많다. 10여 년 전 아이들보다 오히려 관심이나 호감도 부족하다고 해도 과언이 아니다. 현재는 인터넷과 다양한 과학기술 발달로 정보를 쉽게 취할 수 있는 시대인데도, 아이들이 인식하지 못하는 것들이 많다.

세상일에는 어떤 것이든 그만큼의 대가를 지급하는 것이 세상의 이치다. 제대로 알기 위해서는 자기가 주체가 되어 노력하는 시간이 필요하다. 무엇이든 쉽게 얻어진 것은 쉽게 잃을 수 있다는 것을 명심해야 한다. 아이들이 궁금한 게 있으면 즉각적이고 직관적으로 답을 얻기 위해 인터넷 검색을 연다. 그렇게 알게 된 지식을 자기의 손으로 정리하고, 나름의 방식으로 되새기는 과정이 없다면, 그 지식은 알게 된 지식이 아니다. 돌아서면 깡그리 잊어버리니 말이다. 세계여행이 자유로워진 시대가 아닌가? 이런 시간을 이용해 세계지도를 알게 해보자. 적어도 자신이 여행하는 곳은 어디에 있는지부터 알게 해보자. 그것이 우리 나라를 넘어 세계 속을 걸어가는 세계시민이 되는 첫걸음이다.

세계의 모습을 알게 되었다면, 다음은 각 나라의 문화와 역사에 접근할 수 있는 책을 읽도록 하자. 역사에서 통사라는 말은 전 시대, 전 지역에 걸쳐 역사적인 사실을 서술하는 방식이나 그렇게 쓴 역사책을 뜻한다. 우리나라 공교육에서 세계 통사를 본격적으로 배우는 시기는 중학교 입학 후다. 사실 그 이전에도 아이들이 보는 문학, 사회, 과학, 예술 책들은 역사적 사실을 배경으로 하고 있으나, 아이들이 세계사로 연결해보는 경우는 드물다. 세계 통사를 공부하는 것도 좋지만, 다소 어려울 수 있는 부분이 있을 수 있다. 그래서 저학년 때는 유럽사는《그리스 로마신화》를 통해 흥미롭게 접근해보는 것도 좋은 방법이다. 그 외 각 대륙이나 나라별로 신화를 통해 세계를 보는 것은 재미있는 시작이 될 수 있다. 이렇게 알게 되면 다음 단계에 대한 호기심이 생길 가능성이 높다. 그러면 세계 통사를 통해 세계 역사를 알아가도록 하자.

다음은 세계사를 바탕으로 한 책, 영화, 예술들을 접해보자. 예를 들어 아이들이 읽지는 않았으나 제목은 익숙한 명작동화, 고전 등을 읽어보자. 쥘 베른(Jules Verne)의 1873년 작품《80일간의 세계 일주》를 잠깐 살펴보자면, 주인공 포그가 80일간의 세계 일주를 계획하고, 영국의 런던에서 출발해서 프랑스의 파리, 이집트의 수에즈, 예멘의 아덴, 인도의 뭄바이와 콜카타를 거친다. 이어 싱가포르와 홍콩, 일본의 요코하마, 미국의 샌프란시스

책 읽는 아이로 키우는 엄마표 독서 코칭 ""

코와 뉴욕, 영국의 리버풀에서 다시 런던으로 돌아오는 여정이다. 이 작품을 보더라도 여행지의 풍습과 성격이 잘 나타나 있다. 이 책을 읽을 때 세계지도를 펴서 주인공의 여정을 표시해 보면 세계가 조금 더 친숙하게 다가올 수 있을 것이다. 예술 분야를 통해서도 각 나라의 특징을 파악할 수도 있음은 당연하다.

요즘 우리나라 동화는 다문화가정이나 공정무역, 세계 환경을 주제로 한 것이 많다. 이런 동화를 통해서도 쉽고 재미있게 세계시민의식을 위한 교육이 가능하다. 세계시민 의식교육은 공교육을 통해서 진행하고 있는 것만 보더라도 앞으로 우리 아이가 나아가야 할 방향이 이미 제시된 셈이다. 엄마는 아이에게 책, 콘텐츠를 이용해 세계를 품을 수 있는 소양이 자라도록 자신의 관점부터 넓혀 보기를 권한다.

세계시민은 "더 정의롭고, 평화로우며, 관용적이고, 포용적이며, 안전하고, 지속 가능한 세상을 만드는데 앞장설 수 있도록 필요한 학습자의 지식과 기술, 가치와 태도를 계발(세계시민교육의 목표로 정의, 유네스코)"해야 한다.

도덕성을 겸비하고 인성이 바르며, 지식과 기술 능력을 기본으로 갖출 뿐만 아니라, 진정한 자신의 가치와 태도를 가진 것을 역량으로 이야기하고 있다. 내적인 부분뿐만 아니라 외적인 능력까지 발달한 사람을 미래 인재로 꼽고 있는 셈이다.

세계시민으로서 인류가 함께 추구하는 보편적인 가치를 교육하는 방법을 독서에서 찾을 수 있고, 기틀을 잡을 수 있다. 아이가 미래 세계라는 무대에서 자신이 가진 가치를 발휘하며, 세계인들과 함께 숨 쉬며 살아갈 수 있는 사람이 되어야 한다. 책을 통해 전 세계적인 사상과 철학의 의미를 배우고, 세계인으로서 권리와 의무를 이행할 준비를 하는 목표에 눈맞춤을 해야 한다. 그것이 세계 속에서 일원으로서 당당한 힘을 세계발전에 적용할 수 있는 자양분이다.

03

회복탄력성을 키워줄 독서

회복탄력성이란 살아가며 겪게 되는 역경과 시련, 실패로 인한 심리적인 불안정한 상태를 자신의 성장을 위한 것으로 인식하는 마음 상태를 말한다. '실패는 성공의 어머니다'라는 말이 가진 의미와 일맥상통한다고 볼 수 있다.

나는 삶을 살아갈 때 가장 중요하다고 생각하는 핵심적인 지침을 6단계의 법칙으로 만들었다. 단계별로 보면 호기심, 용기, 선택, 도전, 열정, 회복이다. 각 단계가 모두 중요하고, 절망할 수 있는 상황에서도 내 삶의 방향을 잡아주었다. 그중 내게 가장 큰 힘이 되고, 나를 다시 삶의 중심을 잡게 해준 것은 '회복'이다. 즉, 회복할 수 있는 정신만 있다면, 5단계는 강물이 흘러 바다로 흘러가듯 자연스럽게 이어질 수 있다는 것을 뜻한다.

사람은 자신이 뜻을 세운 대로 살아가는 삶을 쉽게 취할 수 없다. 자신이 예상하는 것 이상으로 더 큰 대가를 지불해야 얻을 수 있는 것이 많다. 세상에는 성공자들이 얼마나 많은가? 그들은 한결같이 치열했던 자신의 지난 삶을 성공담으로 말하지 않던가? 크게 성공한 사람들과 평범한 삶을 사는 사람, 실패한 삶이라 여기며 자신을 피폐하게 만들어가는 사람 등 모두 나름의 방법대로 최선을 다했다는 공통점이 있을 것이다. 그런데 어떤 차이가 큰 벽을 만들었을지 생각해보면 여러 가지가 있겠으나, 가장 큰 원인은 회복탄력성이다. 자신의 꿈과 앞으로 나갈 곳을 아는 명확한 사람은 절대 자신의 삶을 포기하지 않는다.

조서환 마케팅 그룹 대표는 2080치약, 하나로 샴푸, KTF SHOW 등 수많은 히트작을 배출한 마케팅 대가다. 그는 소위 로 군 생활하다가 수류탄 사고로 오른팔을 잃는 불운을 겪었다. 하지만 그는 절대로 자신의 삶을 아무렇게나 뒹굴도록 내버려 두지 않았다. 그는 자신에게 일어난 일을 되돌릴 수는 없지만, 그 시련을 자신의 자산으로 삼아 회복탄력성을 발휘한 것이다.

우리는 자기가 스스로 자신을 포기하지 않는다면 오히려 고난은 좋은 경험이 되어 다시 호기심을 가지게 하는 힘으로 자라게 되는 상황을 인식해야 한다. 그런 과정이 쌓이면 자기의 꿈이 이루어지는 순간을 만나게 될 것이다.

아이는 멀지 않아 곧 다가올 시간에 엄마에게서 독립해서 망망대해를 항해하는 긴 인생의 여행을 떠날 것이다. 엄마라는 안전한 울타리를 벗어나 푸른 바다를 바라보며 앞으로 펼쳐질 자신의 미래를 상상하고, 설렘과 기대로 첫 항해를 시작할 것이다. 이때 엄마는 우리 아이가 당차게 어깨를 펴고 힘찬 발걸음을 걸어갈 수 있도록 회복탄력성을 키워주어야 한다. 온실 안 화초처럼 키워진 아이는 작은 바람에도 흔들리는 꽃잎처럼 갈팡질팡 갈등하는 삶을 살아갈 것이다. 그러다 약간의 센 바람만 불어도, 바람을 견디지 못하고 뿌리째 뽑혀 흔적도 없는 존재로 살아가는 삶을 살 뿐이다. 아이가 멋진 항해를 할 수 있도록 엄마는 교육의 방향키를 정확한 곳으로 잡도록 하자.

"이 강의가 주는 메시지는 블랙홀이 보이는 것처럼 완벽하게 검은색은 아니라는 것입니다. 이전에 우리가 믿었던 바와 다르게 블랙홀은 더는 영원한 감옥이 아니에요. 반대편이나 또 다른 우주로 탈출할 수 있어요. 그러니 지금 자신이 블랙홀에 빠진 것처럼 막막하더라도 포기하지 마세요. 분명히 탈출구가 있습니다."

세계적인 물리학자 스티븐 호킹(Stephen William Hawking)의 명언이다. 55년 동안 루게릭병이 자기의 몸을 점점 마비시켰지만, 특유의 회복탄력성으로 인류의 과학 발전뿐 아니라, 희망과 긍정을 전한 위대한 인물이다. 루게릭병은 진단받은 환자들의 평균수명이 3~4년 정도인 점을 봤을 때 호킹 박사의 55년의 투병 시간은 참으로 경이롭다.

회복탄력성이 높은 아이로 성장시키는 방법을 독서에서 찾을 수 있다. 노규식 정신건강의학 전문의는 회복탄력성이 높은 아이들의 핵심 요인은 긍정적이며 밝고, 자기 통제력이 강하다고 했다. 긍정적이고 밝음은 가정환경의 영향을 많이 받을 텐데, 특히 부모가 아이를 대할 때 어떤 태도를 지니느냐가 중요하다. 부모의 지혜로운 교육 방법은 책에서 찾을 수 있을 것이며, 아이는 좋은 책을 보며 희망과 꿈 등 긍정적인 주제와 상황을 경험하는 것도 핵심적이다. 이런 교육과 경험이 아이의 성품과 인격을 형성하는 데 큰 영향을 주기 때문이다.

다음 자기 통제력은 자기 스스로가 감정과 행동을 조절할 수 있는 능력을 말한다. 이는 무수히 많이 일어나는 문제들의 원인을 찾고, 지혜롭게 대처하는 연습이 선행된다면 자기 통제력도 커질 수 있다.

우리는 원하지는 않았더라도 실패와 실망, 좌절 등 부정적인 일을 끊임없이 겪으며 살아간다. 이 부정적인 일도 결국 본인이 마음먹기에 따라 행운이 되는 기회로 여길 수 있는 긍정적인 마음이 있어야 한다. 그러기 위해서는 자신을 인정하는 자세와 누군가와 비교하며 슬퍼하거나 좌절하는 마음은 시간 낭비에 지나지 않는다.

요즘은 유튜브 채널을 통해 1인 개인방송을 하는 시대다. 장점은 평범한 사람들이 각고의 노력으로 성공하는 모습이나 경험을 진솔하게 보여주는 방송을 어렵지 않게 찾을 수 있다. 인상 깊게 본 사람은 개그맨 고명환 씨다. 그는 책을 읽고 자신의

책 읽는 아이로 키우는 엄마표 독서 코칭

고난을 이겨낸 경험을 통해 독서의 중요성을 설파하고 있다. 이외도 평범했던 사람들이 독서 후 성공과 도전, 회복 탄력성을 갖게 된 다수의 경험을 어렵지 않게 접할 수 있다.

우리 아이가 살아가며 꽃길만 걸어가길 원하지 않는 부모는 없을 것이다. 그 꽃길로 가면서 만날 울퉁불퉁 흙길과 자갈길을 지나야 비로소 꽃길에 다다를 수 있다는 것을 잊어서는 안 된다. 혹 부모들이 잘 닦여진 고속도로를 달려 꽃길에 데려다줄 수도 있다고 생각하는 사람도 있을 것이다. 자신이 흙길을 걸어보니 신발도 흙먼지로 덮이고, 다리가 아프기도 하고, 잘못된 길로 들어가 다시 돌아가야 할 상황을 겪어보니 그 과정이 고통스럽게 느껴질 부모도 있을 것이다.

그렇게 생각이 들더라도 멈춰야 한다. 아이가 만날 세상에는 넘어져도 다시 일어날 힘이 필요하다. 그것은 누가 대신해줄 수 있는 것이 아니라, 본인이 스스로 경험하고 깨닫는 반복을 통해 얻을 수 있다. 그게 아이를 행복하게 살게 할 힘이라는 것을 명심하기를 간곡히 바란다.

경험으로 지혜를 쌓은 아이는 누구보다 심지가 강한 사람으로 성장한다. 그 사실을 모르는 엄마는 없을 것이다. 아이는 충분히 경험을 즐길 준비가 되었다 하더라도, 부모의 나약함과 경험 부족으로 지나치게 불안하고 두려워하는 상황도 많이 봐왔다. 그런 의미에서 먼저 엄마부터 다양한 책을 읽고, 자신의 마음을 튼튼하게 만드는 과정이 필요하다. 그러면 가족들도 모르는 것에서부터 시작된 두려움을 버릴 수 있게 된다.

 책 속에는 내가 만나고 싶은 세상과 인물이 있다. 그들은 자신의 삶을 통틀어 가장 남기고 싶은 이야기를 책 속에 담아두었다. 그 속에는 다이아몬드처럼 값진 꿈을 가질 수 있도록 힘이 되는 내용으로 가득하다. 힘들고 지쳐 쓰러지고 싶을 때, 나의 편이 되어주는 나의 문제를 해결해줄 나만의 '지니'를 만날 수도 있다. 그리고 실패를 새로운 지식과 지혜로 부화시켜 성공을 이뤄낸 위인들을 만나, 그들의 비법서를 건네받기도 한다. 책 속에는 우리 아이를 회복탄력성을 지닌 오뚝이로 성장시켜 줄 길이 있다.

책 읽는 아이로 키우는 엄마표 독서 코칭

다시 일어서게 할
독서의 힘

독서의 힘은 대단하다. 책을 통해 깨달은 교훈은 사람의 인생을 송두리째 변화시킬 수도 있다. 나는 책을 읽으며 독서 과정이라는 행위에 대해 주목할 필요가 있음을 이야기하고자 한다. 책은 본질을 가진 내면의 힘이라면, 독서 과정은 외적인 힘을 발휘하는 형태라고 정의할 수 있다.

책은 사람을 중심으로 일어나거나 상상할 수 있는 거의 모든 것이 활자화되어 사람의 마음과 행동에 영향을 끼친다. 그로 인해 내적 성숙과 내면의 힘을 지속적이고 세밀하게 키워내고 있다. 독서는 그러한 내적 힘을 동력 삼아 외적 강화를 위한 과정으로 제 역할을 하고 있다. 책과 독서로 인해 사람은 완전한 인격체로 다시 태어날 수 있는 것이다. 그런데 사람들은 아무것도 하지 않을 때 마음에 풍파가 일지 않으니, 그것이 곧 행복한 삶이라 착각하는 오류를 범하기도 한다. 사람은 성장하기 위해 생각의 균열이 일어나기도 하고, 몸이 바빠져 체력이 고갈되는 상황에 놓이기도 한다.

이것은 새끼 새가 자신의 보금자리였던 알을 있는 힘을 다해 쉼 없이 깨서 세상 밖으로 나와 자신의 존재를 알리고 성장시키듯, 매미가 5년에서 17년을 땅속에서 지내다 성충이 되어 여름 짝짓기를 위해 껍질을 벗고 한 달의 짧은 매미로서의 생을 다하듯이 말이다. 성장을 위한 수고로움이나 고통은 감수해야 할 일임에 틀림이 없다.

나는 33세부터 15년 가까이 경제적으로 혹독한 한파를 겪었다. 그렇게 시작한 한파는 나의 몸까지도 얼게 만들기도 했다. 곧 끝날 것 같았던 겨울은 점점 더 매서운 겨울바람까지 몰고 와 아이들에게까지 꽁꽁 얼어붙은 세상으로 내몰았다. 끝인가 하면 또 더 깊은 지하동굴이 주문을 외우지 않아도 문을 활짝 열고 있었다. 어릴 적《알리바바와 40인》의 도둑들의 은신처인 동굴 문을 열면 휘황찬란한 보물들이 가득 찼었는데……. 내가 만난 동굴은 그야말로 한치의 앞도 보이지 않는 어두컴컴함으로 가득 차 있었다.

그러나 나와 가족은 절대 쓰러지거나 무너지지 않을 힘이 있었다. 경제적인 어려움은 우리 불편한 환경에 처하게 하고, 때로는 자신감을 떨어뜨리기도 했다. 하지만 그것이 우리 가족을 꺾을 수는 없었다. 요즘 유행하는 신조어 '중요한 것은 꺾이지 않는 마음', 줄임말로 '중꺾마'가 있었기 때문이다. 그 중요한 마음

책 읽는 아이로 키우는 엄마표 독서 코칭

은 바로 독서로부터 받은 귀한 선물이었다.

　내가 책을 쓰는 내내 엄마들에게 던지는 메시지가 많은 이유는 바로 나의 경험에 있다. 경제적 어려움이나 신체적 고통과 고난을 원하는 사람은 아무도 없을 것이다. 그러나 실패와 고난이 부지불식간에 우리 집 문 앞에서 나를 기다리고 있을 수도 있다. 그럴 때 시련을 견디면 경험의 열매가 쌓여 풍성한 추수를 할 날이 온다는 사실을 어떻게 믿고 기다릴 것인가? 나의 대답은 엄마가 아이들의 독서코치가 되어 책을 읽고, 반짝이는 교훈을 깨닫고, 아이와 깊은 공감대를 형성하자는 것이다. 아이가 어릴수록 함께하는 독서 시간이 많겠지만, 고학년이라 하더라도 지금부터 시작해보자. 이런 시도가 세상과 환경에 휘둘리지 않고, 자신의 길을 꿋꿋하게 걸어갈 수 있게 돕는 안내자가 되게 한다.

　나는 그리스신화에 나오는 인물 중 세 명을 좋아한다. '먼저 생각하는 자'라는 뜻을 가진 '프로메테우스', 헤라와 제우스 사이에 태어난 아들 중 못생긴 외모로 인해 헤라로부터 올림포스에서 쫓겨난 후 대장장이가 된 '헤파이스토스', 비록 '반신반인'이지만 그리스신화의 영웅을 대표하는 '헤라클레스'다. 이중 헤라클레스의 12과업을 이루는 과정은 참으로 경이롭기까지 하다.

　헤라클레스는 '헤라의 선물'이라는 뜻이다. 그는 최고의 신 제우스와 인간 알크메네 사이에서 태어났다. 그의 초인적인 힘과 용기는 어린 아기일 때도 나타난다. 제우스가 그를 불사의 몸으로 만들기 위해 잠든 헤라의 젖을 물렸다. 그러자 어린 아기지만 젖을 빠는 힘이 워낙 센 탓에 헤라가 놀라 아기를 밀치자, 젖이 분출되어 은하수를 이루었다는 전설이 있다.

그는 헤라가 내린 광기로 자신의 아내와 아이들을 죽인 죄를 씻기 위해 불가능한 과업 12가지를 수행해야만 했다. 그의 죽음도 비참했으나, 이를 안타깝게 여긴 제우스에 의해 하늘로 올라가 별자리가 되고 신들의 반열에 오른다.

내가 헤라클레스를 좋아하는 이유는 그의 힘이나 영웅담 때문이 아니다. 단 하나, 그는 쾌락과 미덕을 선택하는 갈림길에서 고통이 따르는 미덕을 택했고, 12과업을 완수함으로써 선의와 미덕을 몸소 증명했기 때문이다. 비록 신화 속 이야기이지만, 내가 만약 헤라클레스의 입장이었다면 어떤 선택을 했을지 상상해봤다. 과연 어떤 어려움에도 굴하지 않고, 인내하며 선의를 따를 수 있을지 질문을 던졌다. 빠른 답을 내리지 못했으나, 그의 굳은 의지와 용기를 가슴 속에 담아두는 계기가 되었다.

"사람들이 자식을 낳아야 하느냐, 낳지 말아야 하느냐 물을 때마다 나는 어떻게 하라곤 말하지 않네. '자식을 갖는 것과 같은 경험은 이 세상 어떤 것과도 다르지요'라고만 간단하게 말해. 정말로 그렇다네. 그 경험을 대신할 만한 것은 이 세상에 없어. 친구와도 그런 경험은 할 수가 없지. 애인과도 마찬가지야. 타인에 대해 완벽한 책임감을 경험하고 싶다면, 그리고 사랑하는 법과 가장 깊이 서로 엮이는 법을 배우고 싶다면 자식을 가져야 해."

책 읽는 아이로 키우는 엄마표 독서 코칭 **"**

미치 앨봄(Mitch Albom)의 《모리와 함께한 화요일》은 앨봄과 그의 스승 모리 슈워츠(Morrie S. Schwartz) 교수의 실제 이야기를 바탕으로 한 책이다. 이 책은 모리 교수가 루게릭병으로 인해 죽음을 앞두고, 제자 앨봄이 그를 매주 화요일마다 방문하며 대화를 나누는 내용으로 쓰였다. 앞서 소개한 대사는 앨봄이 모리에게 자식의 유무에 대한 감정과 의미를 질문하자 돌아온 답이다. 나는 모리의 대답을 몇 번이나 반복해서 읽었다.

나는 경제적 어려움이 있을 때 귓속 대상포진으로 인해 얼굴 반쪽이 마비되었는데, 지금까지도 불편함이 남아있다. 그런 고통의 시간을 함께해준 나의 아이들은 나이에 비해 빠르게 철이 들어 아빠와 엄마를 많이 사랑해준다. 책을 보며 나의 생명과도 같은 아이들이 더 귀하고 사랑스럽게 느껴졌다. 어떤 일이 있어도 엄마로서 쓰러질 수 없는 이유가 아이들을 향한 완벽한 책임감 때문임을 의심할 여지가 없다.

이 책을 읽을 때 한 페이지씩 넘길 때마다 고개가 끄덕여졌고, 임종과 장례를 지켜 드리지 못한 아버지의 마지막 눈빛이 계속 떠올랐다. 그러다 노스승과 작가가 마지막 인사를 나누는 부분에서는 참았던 눈물이 흘러내렸다. 아마 침상에 계시던 아버지의 마지막 모습이 겹쳐서 보였던 탓인 것 같다.

이처럼 세상에 감동과 깨달음이 가득 담긴 책은 언제나 우리를 기다리고 있다. 책은 무엇과도 바꿀 수 없는 진귀한 보물창고이다. 또한 언제나 우리를 응원하고 있으며, 명확한 카운슬러이다. 그러므로 엄마는 아이와 책 속으로 뚜벅뚜벅 힘차게 걸어 가길 바란다.

엄마와 아이는 독서를 통해 느꼈던 감정들을 고스란히 가슴속에 간직하고 있을 것이다. 주인공들의 꿈과 희망을 이루는 모습을 보며 함께 행복했고, 고난을 담담하게 받아들이는 것에 안타까워했던 경험이 있지 않은가? 다양한 독서 활동을 통해 신념과 의지, 용기 등은 자신 스스로가 눈치채지 못하게 마음속에 둥지를 틀어, 늘 곁에 있다. 우리가 참을 수 없는 고통과 실패, 참담한 현실과 맞닥뜨렸을 때 지혜와 긍정으로 찾아온다. 우리가 다시 일어설 수 있도록 기억과 깨달음이라는 손을 내밀어줄 것이다. 그때 그 손을 잡고 웃으며 일어나기만 하면 된다.

책 읽는 아이로 키우는 엄마표 독서 코칭

05 독서는 자신의 의미와 가치를 발견하게 한다

"감히 알고! 당신의 지능을 사용할 용기를 가지십시오."

카프카가 남긴 이 명언은 자신이 가진 능력과 잠재된 능력에 대한 가치를 바로 알고 그것을 활용할 수 있도록 용기를 북돋아준다. 사람들은 자신이 가진 부분에 대해 과소평가하는 경우가 많다.

"선생님, 전 잘하는 게 없고, 얼굴도 못생겼어요."
"선생님, 사람들이 저를 칭찬하는 건 진심이라기보다는 사회생활 때 상대방의 기분을 맞춰 주는 그런 행동 중 일부인 거 같아요."

얼마 전 초등학교 6학년 희진이가 나에게 진지한 표정을 하며 건넨 말이다. 이 아이는 객관적으로 봐도 귀엽고 사랑스러운 외모, 표정은 늘 밝은 힘을 가졌다. 엄마나 집안 환경을 보더라도 자신감이 없을 만한 외부요인을 찾을 수 없는 상황이다. 그런데도 이 아이는 자신에 대해 부정적인 확신을 하는 듯했다. 한참 이야기를 이어가며 알게 된 점은 희진이와 단짝 친구인 지은이도 겉으로 보였던 환한 미소와는 달리 자신감이 많이 떨어져 있다는 점이다.

 2018년 우리나라 아동, 청소년의 삶 만족도 조사를 보면, 평균 점수 6.6점으로 OECD와 유럽 주요국과 비교해 최하위권에 속하는 결과가 나왔다. 삶의 만족감이 낮으면 생활이 즐거움보다는 힘들고, 지겨운 부정적인 감정이 더 우월하게 나타난다.

 삶의 만족감이 떨어지면 생길 수 있는 감정을 조금 더 자세히 펼쳐보면 우울감, 불안함과 두려움, 외로움, 자살 생각 등이 나타날 수 있다. 우울감으로 인한 슬픔, 무기력한 상태에 놓일 위험도 있다. 이런 결과를 보여주는 통계 자료를 보면 현실을 직시할 수 있다. 우리나라 아동·청소년의 자살률은 2015년부터 매년 증가하는 추세다. 지난해 기준 10만 명당 2.7명이 스스로 생을 마감한다. 삶의 만족도는 67%로 집계됐는데 OECD 가입한 국가 중하위권이다. 참혹한 현실이 아닐 수 없다.

 나는 예전에 비해 최근 무기력한 아이들이 많아진 상황을 체감하고 있다. 초등학생들이 어깨를 축 늘어뜨리고, 표정 없이 기계적으로 움직이는 모습을 상상해보면 참으로 안타깝다. 오로지 핸드폰 게임을 할 때만 눈동자가 액정 안에서 오른쪽, 왼쪽으로 이동할 뿐이다. 심지어 좁은 엘리베이터 안에서 아래, 위층에 있는 학원을 이동하는 그 짧은 시간에도 아이들의 말소리, 웃음소리는 소거된 채 눈동자만 부지런히 움직일 뿐이다. 지금 초등학생들은 이렇게 자기의 생각과 판단으로 생활하기보다는 엄마가 만들어 놓은 계획표대로 이동하는 마치 로봇처럼 작동하는 하루를 사는 경우가 많다. 이런 상황에서 아이들의 생활만족감이 올라갈 수 있을지 의문이다.

아이는 매 순간 자라고 있는 존재다. 아이는 하루가 다르게 키가 자라듯 내면에도 단단한 자신감과 자존감이 자리할 수 있도록 살펴보도록 하자. 자존감은 스스로 가치와 존중을 인식하고 긍정하는 마음이다. 자존감은 무엇보다 자신을 믿고 사랑하며, 자신을 가치 있게 여기는 능력이라 할 수 있다. 이는 자기 자신을 인정하고 존중하는 마음으로부터 비롯된다. 자존감으로 마음을 채워 자신이 존재하는 의미를 짐작하게 되고, 더 나아가 자신을 세상에서 가장 가치 있는 존재로 인식한다. 그런 아이는 자신과 타인에게 태양처럼 빛나는 진짜 웃음을 선사해줄 것이다. 즉, 자존감이 높은 아이는 자신이 가진 행복의 에너지를 주변에 비춰 함께 하는 이들에게 따뜻한 긍정의 힘을 전달할 수 있다는 것이다.

엄마는 아이의 자존감을 높이기 위해 무엇을 해야 하는지 찾고, 실천하기를 미루면 안 된다. 그 방법은 다양한 방면에서 찾을 수 있을 것이다. 예를 들어 미술, 음악, 체육, 심리 상담 등 정보와 전문가가 넘치는 세상이니 조금만 고개를 돌려보면, 쉽게 찾을 것 같을 것이다. 심지어 선행학습을 해 수학이나 영어성적을 올리면 학습 자존감이 올라간다는 이야기도 들을 수 있을 것이다.

그러나 단호히 말하고 싶다. 엄마가 먼저 아이를 정확하게 보려고 노력하고, 함께 할 수 있는 것을 하고, 학교생활이나 교우 관계는 어떤지 사실에 직면해야 한다는 것이다. 해결하기 위한 실천에서는 무엇보다 부모의 양육 자세를 살펴보고, 자신부터 개선하려는 노력이 먼저이다. 그다음에 아이와 함께 다양한 실행을 해보자는 것이다. 무조건 전문가들의 의견부터 구하기 전에 먼저 자신부터 들여다보자는 것이다. 부모의 양육 자세가 바뀌지 않으면 어떤 것으로부터 확답을 받을 수 없다는 것을 알아야 한다.

엄마가 아이의 자존감을 높이는 방법은 다양하나, 나는 독서를 핵심 가치로 두고 이야기하고자 한다. 나는 아무리 좋은 뜻이 있는 일이라도 실천하기에 복잡하면 적용이 어렵고, 그 결과 지속적인 행동으로 이어질 수 없다고 본다. 지속성은 세상에 거의 모든 일에 적용되는 중요한 요소지만, 아이의 양육에는 무엇보다 중요한 필수행동력이다. 왜냐하면 아이는 쉼 없이 자라는 존재이고, 그 과정에서 다채로운 행동이나 사고방식이 나타나기에 아이 성장 상황에 맞춘 지속성이 필수적인 역할을 하기 때문이다.

아이의 자존감이 올라가게 하는 엄마의 독서교육을 크게 3개의 핵심으로 함께 보고자 한다. 하나는 아이를 하나의 인격체로 인정하는 마음을 가져야 한다. 어린아이라 하더라도 하나의 인격이 있는 존재로서, 자율성을 지켜주고 존중받을 권리가 있다는 걸 명심해야 한다.

"어린이들은 없다. 다만 사람들이 있을 뿐이다."

야누시 코르차크(Janusz Korczak)는 폴란드 태생의 유대인 의사로서, 아이들의 인권 보장을 주장하면서 이렇게 외쳤다. 그는 전쟁 중에 고아가 된 아이들을 보살피기 위해 고아원을 차렸고, 유대인 아이들을 끝까지 보살피다 그들과 함께 강제수용소에서 죽음을 맞이한다. 그와 아이들의 이야기가 담긴 그림책은 강무홍 작가가 쓴 《천사들의 행진》이다. 아이들이 존중받지 못하던 시대에 사랑과 용기가 있는 아이들의 천사를 만날 수 있을 것이다.

다음은 엄마와 아이가 함께 독서를 하고 아이의 의견을 들어야 한다. 어떤 매개체를 이용하지 않고, 아이에게 의견을 물어보는 습관을 키우기 위해서는 책만한 것이 없다. 책은 객관적인 자료지만, 자기 이야기와 만나 자기화가 가능하게 하는 존재다. 훌륭한 교사라도 자기 자식 교육이 어려운 이유는 감정이 앞서기 때문이다. 이를 최대한 배제해 엄마나 아이의 이성적 사고를 유지시켜주는 좋은 역할을 하는 것이 책이 될 수 있다. 엄마의 자기 정화와 가치를 올리는 것을 가능하게 하는 것은 덤이다. 아이 나이에 맞춰 자아존중감을 올려주는 책을 선정하고, 함께 읽은 후 책을 중심으로 이야기를 나누어보자.

주의할 것은 엄마의 생각이 앞서 아이의 의견을 미리 예단하는 말은 절대 금해야 한다. 엄마는 살아온 시간이 있으니 추론이

가능하나 아이가 자칫 답답해보일 수 있다. 하지만 아이는 아직 어리다는 사실을 명심해야 한다. 어떤 의견도 평가하지 말고 잘 들은 후, 아이가 한 말에 대해 정확하게 칭찬하기부터 해야 한다. 분명 독서 후 의견 나누기는 수직관계가 아니라 평행관계에서 진행해야 한다. 즉, 아이의 의견을 존중하면 아이는 주체적인 아이가 되고, 그것이 자존감을 굳건하게 한다.

마지막은 독서로 엄마가 아이를 얼마나 사랑하는지를 알려줄 수 있다. 아이에 대한 사랑과 믿음은 표현해야 한다. 그런 감정을 받고 자란 아이는 어디서나 자신을 존중하고, 자신감이 넘치는 아이가 된다. 엄마와 아이의 마음을 이해하는 책은 단계별로 찾을 수도 있고, 쉽게 읽히고 감동적인 책을 함께 읽어도 좋다. 세계에 많은 엄마가 감동했던 책, 나도 잊을 수 없는 감동을 준 책이다. 엄마의 딸이고, 아들들의 엄마인 나를 울린 책, 로버트 먼치(Robert Munsch)의 《언제까지나 너를 사랑해》다.

엄마는 집안에서 보는 아이와 밖에서의 아이의 모습을 세심하게 살펴봐야 한다. 우리 아이 자존감은 아무리 전문성이 뛰어난 학원이라 하더라도 그곳에서만 채워질 수는 없다. 우리 아이가 가장 인정받고 싶어 하고 세상의 중심이 되는 존재, 바로 엄마가 아이를 독서로 키울 때 아이는 자신의 진정한 의미와 가치를 인정한다. 그것이 곧 아이의 자존감이 되는 것이다.

책 읽는 아이로 키우는 엄마표 독서 코칭

06

독서는 행복한 사람으로 살게 한다

사람들이 진정한 행복은 느끼는 순간은 언제일까? 개인마다 차이는 있겠지만, 그 순간을 추구하는 마음은 크게 다르지 않을 것이리라. 무엇보다 사람들은 행복에 대한 자유의지가 있으며, 그것을 찾아가는 과정도 행복을 이루어가는 중요한 일일 것이다. 그렇다면 사람들은 생명이 있는 한, 끝까지 포기하지 않고 목표로 삼아야 하는 것은 어쩌면 행복이 아닐까?

행복에 대한 고찰은 인류가 존재하고, 사유하는 능력을 갖추었을 때부터 끊임없는 논쟁거리가 되었다. 행복에 대한 정의가 고대 그리스 철학자 소크라테스(Socrates)부터 21세기 철학자에 이르기까지 다양한 주장이 분분한 것을 보면, 인류 궁극의 목적인지 아니면 더 나은 행복에 대한 갈망인지 결론지을 수 없는 문제임에는 틀림이 없다.

시대를 뛰어넘어 다양한 철학자들이 주장하는 행복에 대한 개념을 통해 우리의 행복 찾기의 실마리를 풀어보는 시도를 해봤다. 먼저 서양철학의 뿌리 소크라테스가 말하는 행복은 그가 남긴 가르침 '너 자신을 알라'가 가진 의미와 일맥상통한다. 바로 진정한 행복은 '자기성찰'에 있다는 것이다. 자기 내면의 세계를 깨닫는 것이 곧 자신의 가치를 발견하는 행복한 일임을 말하고 있다. 누구로 인해 행복하고, 불행한 것이 아니라, 행복의 해답은 자기가 갖고 있다는 말이다.

그의 제자 플라톤(Platon)은 인간다운 삶에 필요한 5가지 요소는 재산, 용모, 명예, 체력, 언변이라고 했다. 그는 이를 어떤 마음으로 대하느냐에 따라 행복이 되기도 하고, 불행이 될 수도 있다고 생각했다. 그의 생각을 미루어 정리해보면 행복과 불행은 가까이 있지만, 자신의 선택적 의지에 따른 한 끗 차이라는 것이다.

"진정으로 행복하기 위해서는 세상을 바라보는 관점이 진취적이고 긍정적으로 바뀌어야 한다. 성실하게 행동하고, 행동하는 자신을 믿고, 행동할 수 있는 현재에 감사하면 행복할 수 있다."

탈 벤 샤하르(Tal Ben-Shahar) 하버드대학 교수의 행복에 대한 고찰이다. 현대는 고도의 과학 문명이 발달해 인류의 생활을 바꿔 놓았지만, 2,500여 년 전 행복의 의미와 닮아있음을 느낄 수 있다. 외부 환경의 변화는 인간이 느끼는 행복에 큰 영향은 미치지 않는다는 것이다. 진정한 행복의 해답은 자기 내면에 품

책 읽는 아이로 키우는 엄마표 독서 코칭

고 있다. 그러므로 자기 내면에 있는 행복을 객관적으로 들여다 보고, 학습과 훈련을 통해 행복을 성취하는 것이 가능하다는 뜻 이다. 교수는 학습 방향을 제시했는데 인지, 감정, 행동의 3요소 를 변화시키면 행복을 찾을 수 있다고 주장한다.

나는 두 명의 철학자와 교수의 이론을 바탕으로 진정한 행복 찾기를 도전해봤다. 나의 내면에 나의 행복이 있다는데 어떻게 들여다볼 것인가? 분명 자신의 혼란스러운 생각을 정리할 도구 가 필요할 텐데, 그 도구를 찾는데도 한참을 보내야 했다. 나를 잘 알 것 같은 가족이나 친구들을 만나 나는 어떤 내면을 가진 사람인지 물어볼 수도 없는 노릇이다.

그것은 어떤 누구의 감정이입도 되지 않고, 가장 객관적인 도 구여야 할 텐데…. 나는 그 도구를 애써 찾을 필요가 없다는 것 을 깨달았다. 아주 자연스럽게 나의 내면과 나를 만나게 하는 것이 늘 가까이 있었다. 그것은 바로 책이다. 책 속에는 온갖 세 상의 이야기가 있었고, 하나하나 나 자신의 상황과 나의 의식 을 대입시키면서 전혀 낯설게 느껴지지 않았다. 타인의 이야기 로 빼곡한 책 속에 바로 내 이야기가 있는 것을 발견한 것이다. 또한 책을 통해 가졌던 카타르시스의 경험이 지금의 내가 존재 할 수 있도록 든든한 지팡이가 되어주었다는 생각에 이르렀다.

사람들은 시련을 겪으며 살아간다. '시련 없는 성장은 없다' 라고 해도 과언이 아닐 정도로 삶은 시련과 고통의 연속일 수 있다. 이것은 다양한 모습과 빛깔을 지니고 있어, 누군가에게는 죽음을 생각하게 할 수도 있고, 또 어떤 이에게는 참고 견뎌내는 인내를 배우는 과정이 될 수도 있다. 하지만 세상에 성공자들은 한결같이 이 고통과 시련의 시간을 성공의 씨앗이 되었고, 곧 튼튼한 뿌리를 내려 자신들의 삶에 근원이 되어준 축복이라고 말한다. 우리는 자신이 겪는 크고 작은 시련을 훗날에 무엇이라고 말할 것인가?

"책 속에 길이 있다"라는 말을 한번쯤 들어봤을 것이다. 우리가 인간적인 해석으로 이해도 해결도 할 수 없는 상황에 맞닥뜨리게 되면 사방이 온통 캄캄한 동굴처럼 느껴질 때가 있을 것이다. 그때 한 줄기 빛을 비추어 동굴을 빠져나올 문을 비춰줄 수 있는 것이 무엇이 있겠는가? 나의 어려움을 해결해줄 기적 같은 드라마틱한 일은 외부로부터 쉽게 일어나지 않는다. 결국 모든 문제의 해답은 자신 안에 있는 것이다. 그렇기에 언제나 깨어있는 정신으로 자신을 지식과 지혜로 채우는 일을 게을리해서는 안 된다. 시련과 고통은 절대 예고 없이 갑자기 찾아온다. 우리는 혹시 모를 사고와 질병에 대비해 보험에 가입하고, 허리띠를 조여가며 저축하지 않는가. 그렇듯이 매일 조금씩 나를 단단하게 만들어가는 일을 멈춰서는 안 된다. 나에게 가장 큰 보험이 되어줄 책을 통한 내면 성장을 쉼 없이 해야 한다. 그럴 때 어떤 시련과 고통도 축복으로 거듭난다.

결혼 후 10년이 채 되기 전에 남편은 조기퇴직을 하고 사업을 시작했다. 지금껏 직장생활만 하던 사람이 자신이 무엇을 잘할

책 읽는 아이로 키우는 엄마표 독서 코칭 ❝❞

수 있고, 어떤 걸 좋아하는지에 대한 준비 부족으로 결과는 불을 보듯 뻔한 실패를 경험할 수밖에 없었다. 설상가상으로 남편은 친삼촌에게 호의라는 명분으로 빌려준 명의로 인해 억울한 빚까지 떠맡게 되었다. 그때부터 우리 가족은 아이들을 데리고 마치 유랑민처럼 여러 도시로 잦은 이사를 했고, 가난은 끝도 없이 이어졌다. 최근에 우리 아이들은 그 시절을 회상하며 원래 사람들이 이사를 많이 하며 사는 줄 알았다고 말해 웃지만 슬픈 표정을 숨길 수 없는 상황도 있었다.

내가 그때의 가난과 실패로 인한 불안, 두려움을 이겨낼 수 있었던 단 하나의 이유는 독서의 마력에 있었다. 엄밀히 말하면 내가 독서지도사를 하며 책을 읽는 것만으로 끝난 것이 아니라 아이들과 제자들에게 쉼 없이 쏟아냈기 때문이다. 책 속에 담겨 있는 주옥같은 가르침을 아이들과 함께 풀어내며 계속 새로운 깨달음이 일어난 것이다. 책은 먼저 읽고 느끼는 것부터 시작해야 하지만, 궁극에는 타인에게 자기의 삶이 책과 만나 녹아든 진짜 이야기를 풀어낼 때 비로소 완전한 독서의 기능이 발휘된다. 그것으로 나는 외적 자극에 일희일비하지 않는 든든한 행복 마음을 가지게 되었다.

고등학교 1학년 된 제자와 '행복'이라는 주제로 철학 독서 수업을 했다. 함께 본 책은 레프 톨스토이(Lev Nikolayevich Tolstoy)의 《사람에게는 얼마만큼의 땅이 필요한가?》였다. 제자는 '사람이 행복해지기 위해 얼마만큼의 땅이 필요한가?'라는 물음에 쉽게 답을 내지 못하고, 고민이 깊었다. 책 속 주인공인 바흠이 자신의 목숨과 맞바꾼 욕심에 대해 한참을 생각하는 모습이었다.

"선생님, 사람들이 욕심을 내는 것은 결국 행복해지기 위해서라고 생각해요. 그렇다면 사람이 살아갈 때 욕심은 분명 필요한 것인데, 적당한 기준을 잘 모르겠어요."

그 물음에 나는 "네가 가졌던 욕심이 너의 내면을 웃게 한 것이 무엇이 있을까? 그리고 자신이 낸 욕심으로 불편한 감정을 받았거나 주었던 적은 없었는지 돌이켜 생각해보자"라고 답했다.

한참을 골똘히 생각에 잠겼던 제자가 내린 결론은 '이기적인 마음'과 '과유불급'이었다. 이기적인 마음으로 자신과 타인을 해치는 것은 잘못된 욕망이고, 욕심은 선한 마음을 가지고 행동할 때 자존감, 성취감 등 내면을 밝게 한다는 것이다. 그것이 곧 행복이라고 정의했다. 제자는 책 속에서 진정한 행복을 찾았다.

우리 아이는 불확실한 미래에 살 확실한 신인류다. 신인류로 산다는 것은 어떤 의미일까? 우리가 상상할 수도 없는 시대에 살아갈 아이가 찾을 진정한 행복은 무엇이며 어디에 있을까? 그 행복의 해답을 찾아가는 여정을 지금 책 속에서 시작해보자. 책 속에 길이 있고, 그 길에서 진짜 행복이 있다는 것은 확실하다. 아이를 키우는 엄마, 미래의 주인인 우리 아이들, 모두 책을 통해 내면에 있는 행복한 자신을 발견하기를 간절히 바란다. 독서는 나의 행복을 찾아가는 길에 함께 할 든든한 동행자다.

책 읽는 아이로 키우는 엄마표 독서 코칭

07

자녀의 성공을 여는
열쇠는 독서다

"당신은 성공한 삶을 살고 있나요?"

사람들이 생각하는 성공에는 여러 가지가 있다. 자신이 계획한 대로 꿈을 이루어가는 사람, 부와 명예를 이룬 사람, 몸과 마음이 건강한 사람 등 세상에는 각자가 중요하게 생각하는 성공이라는 개념과 의미가 있다. 그러니 다른 누군가가 자신의 성공 여부를 판단할 수 있는 문제는 아니다. 심지어 부모조차 아이의 성공 여부를 쉽사리 판단하거나 평가하는 것을 지양해야 한다.

아이는 부모를 통해 자신의 가치관을 형성하는 중이고, 세상 이치를 배워가는 시기에 있다. 이때 부모가 갖춰야 할 태도는 자기의 생각을 깨워 변화하는 세상을 배우고, 아이에게 울창한 숲과 같은 든든한 존재가 되어주어야 한다. 울창한 숲에는 각양각색의 튼튼한 나무, 따사로운 햇살, 달콤한 열매, 향기로운 바람과 공기와 흙 등 풍성함이 넘쳐나는 곳이리라. 부모는 아이에게 숲이 되려면 자기의 내면과 지식, 지혜를 꾸준히 채워갈 때 성공하는 삶을 살아가는 아이를 품을 자격이 갖춰진다. 그러기 위해서 부모는 세상과 미래를 읽으려는 노력이 반드시 따라야 한다.

2023년 세계경제포럼(WEF)에서 미래 직업 보고서가 발표되었다. 그에 따르면 2023년부터 2027년까지 전 세계에서 1,400만 개의 일자리가 사라질 것으로 예상했다. 이는 인공지능(AI)과 같은 첨단 과학기술의 적용이 늘어나는 것을 주요 원인으로 보고 있다. 이런 상황들은 결국 글로벌 고용시장을 크게 변화시킬 것으로 전망한 것으로, 특히 기업들의 AI기술 도입으로 일자리 2,600만 개가 사라질 것으로 보인다는 내용도 있다. 세상의 변화를 예측해보는 이유는 미래를 살아갈 우리 아이의 행복과 성공을 위한 교육 방향을 잡기 위해서다.

미래 직업 보고서를 통해 미래 인재가 가져야 할 역량을 알고 아이의 교육 방향성을 잡는데 중요한 지표가 되도록 실행할 수 있다. 총 10대 핵심 역량으로 창의력, 복합 문제해결능력, 비판적 사고, 인적 자원 관리 능력, 협업 능력, 의사결정 능력, 서비스 지향성, 협상 능력, 인지적 유연성, 감성 지능 등을 제시했다. 10개의 능력을 크게 3가지로 묶어서 창의력, 자기주도력, 소통력으로 분류했다.

창의력이란 생뚱맞게 무에서 유가 창조되는 것이 아니다. 기

책 읽는 아이로 키우는 엄마표 독서 코칭 "

존에 알고 있던 지식, 기술, 경험이 바탕에 인지적 유연성과 비판적 사고를 발휘해 새로운 창의적인 것을 탄생시킨다. 더 나아가 앞으로는 창의력의 기초능력 위에 새로운 기술, 지식이 합해져 효과적인 결과로 나타나는 창의융합력을 가진 인재가 요구되는 시대다. 융합력은 자신이 아는 배경지식을 새롭게 연결하는 힘이다. 융합력이 강조되는 미래산업에는 정보만을 좇는 공부는 더 이상 필요 없다. 4차 산업 시대는 인간이 중심이 되는 시대이며, 인간과 기계의 상호작용을 바탕으로 이루어진다. 이에 인간만 일하던 시대에 필요한 공부를 탈피해야 한다. 창의력은 후천적으로 계발할 수 있는 능력이다. 이런 능력은 정보와 사실, 사실과 사실을 연결해 새로운 것을 창출하는 힘은 기존 교육방법을 던져버리는 것으로부터 시작된다.

자기주도력은 자기의 일을 스스로 계획하고 실행하는 능력을 일컫는다. 이 능력을 기초로 하면 인적 자원 관리 능력, 복합문제해결능력, 의사결정 능력까지 발전할 수 있는 발판이 될 수 있다. 굵고 튼튼한 줄기가 뻗어 나가기 위해서는 양질의 토양 위에 깊게 내린 뿌리가 있어야 하듯이 자기를 주도하는 능력이 중심이 된다.

인적자원관리능력이란 기업의 성패를 좌우할 정도로 중요한 일이다. 적재적소에 능력을 갖춘 인력을 배치하고 효율적인 고용을 판단할 수 있는 능력이다. 지식기반사회에서 사람이 자신의 잠재 능력을 발휘하고, 아이디어 창출을 통해서 부가가치가 높여 기업 발전을 이끄는데 중요한 요소이다. 이런 능력은 자기의 확신을 토대로 비판적, 분석력을 고루 갖추고, 미래를 읽을 수 있는 현명한 사고력을 가져야 가능하다.

마지막 소통력은 다른 사람과 원활한 대화를 할 수 있으며, 문제해결을 위한 의견을 나누는 자세를 가진 능력이다. 소통의 힘은 협업능력, 서비스 지향성, 협상능력, 감성지능을 높일 수 있게 하는 원동력이다. 소통력이 높은 사람은 상대방의 의견을 이해하고 존중하고자 하는 자세를 갖추었기에 자기에 대한 객관성과 존재에 대한 명확성을 지닌 사람이라 판단할 수 있다. 이런 능력은 다양한 갈등 상황에서 상대방과 대화로 문제를 해결하는 능력이 있다.

우리 역사에서 소통의 군주로 불리는 임금은 세종대왕이다. 그는 어떤 군주보다 백성과 신하들과의 소통을 중요하게 여겼으며, 가히 우리나라 최고의 임금이라 할 수 있는 품위를 지닌 리더였다. 그는 온화한 성품을 지녔으며, 남의 이야기를 경청하는 것을 좋아해 토론을 통해 끊이지 않는 열정과 겸손을 보여준 군주였다. 세종대왕은 백성과 신하의 신의를 얻지 못하면 그것은 사상누각과 같다고 여겨, 나라에 일어날 수 있는 문제를 해결하기 위해 소통을 중요하게 생각하고 행동한 인물이다. 특히 리더는 주변에서 일어나는 다양한 문제를 자각하고 그것을 해결하기 위해 자신의 능력을 키워야 한다. 세종대왕은 시대가 요구하는 정신을 읽을 줄 알았고, 자신을 연마해서 나라를 지속해서 발전시킬 수 있었던 근원은 바로 풍부한 독서에 있었다.

여기서 엄마는 결심이 필요하다. 바로 엄마가 아이에게 강요해왔던 학습 방법을 끄집어내어 미래를 대비하는 데 효율적인지, 쫙 펼쳐놓고 하나씩 비교분석을 해봐야 한다. 지금 대학입시만을 삶의 목표로 두고, 그 이후 부모의 역할을 다했다는 안도감이나 책임회피를 하고 있지는 않은가? 아이의 발달 상황과는 거리가 먼 앞선 선행학습을 자랑으로 여기는 수학학원, 즐거움과 목적 없이 다니는 영어학원, 남들이 다 하니깐 불안함에 따라간 사교육들을 점검해봐야 한다. 또 공교육이라는 지나친 틀에 얽매여 있지는 않은지 엄밀하게 해부해봐야 한다.

그리고 우리 아이의 꿈을 방해하거나, 미래를 준비할 수 없는 무용지물인 교육 방법들은 용기 있게 버릴 수 있어야 한다. 이를 위해 무엇보다 엄마 자신이 자기를 믿을 수 있도록 먼저 미래를 공부하고, 아이가 행복하고 성공적인 삶을 위한 초석을 다져주는 신념을 바탕으로 아이의 멘토가 되어주자. 중요한 것은 엄마가 누구의 말로 인해서가 아니라 자신의 선택과 생각과 신념을 믿을 수 있도록 근거를 제시할 수 있어야 한다. 이 근거는 객관적 사실과 미래를 얘기해 온 앞선 사람들로부터 배우고 익혀 세워진 엄마 자신의 고유한 가치와 신념이다.

성공의 사전적 의미는 목적하는 바를 이루는 것을 의미한다. 성공적인 삶이란 자신이 만든 목적을 향해 나아가다 당면하게 되는 많은 문제를 해결할 때 완성된다. 사람은 평생을 거쳐 이 과제를 수행할 때 비로소 자신이 인정하는 성공에 도달할 수 있다. 자신이 풀어가야 할 과제는 사회가 요구하는 것에서 찾을 수도 있겠으나, 가장 큰 역할을 하는 것은 자기 자신이다. 그래서 자녀를 둔 부모는 우리 아이가 자신에게 가치 있는 과제를 부여하며, 그것을 지혜롭게 해결해 나갈 수 있는 능력을 키울 수 있도록 부모의 역할을 잘 수행해야 할 의무가 있다. 부모의 길을 갈 때 외롭지 않게 동반해 주는 멘토가 되고, 꺼지지 않는 빛이 되는 존재는 바로 독서다. 독서는 부모가 아이의 신의를 얻을 수 있도록 도움을 주고, 모두가 행복할 수 있는 길로 인도해줄 것이다.

"아이의 성공을 여는 열쇠는 바로 독서다."

코치노트

| 제5장 | 자녀의 성공을 여는 열쇠는 독서다 |

행복한 삶을 살자

· 사람은 행복한 삶을 살기 위해 살아가야 한다. 당신이 생각하는 행복이란 무엇인지 5 개로 정의 내려보자.

· 자신이 행복해지려면 내적 환경, 외적 환경을 충족해야 한다. 자신에게 무엇이 필요한 지 이유와 함께 정리해보자.

순번	당신이 생각하는 행복	행복하기 위한 내적 환경	행복하기 위한 외적 환경

책 읽는 아이로 키우는 엄마표 독서 코칭

제1판 1쇄 2023년 12월 22일

지은이 권도경
펴낸이 한성주
펴낸곳 ㈜두드림미디어
책임편집 이향선
디자인 디자인 뜰채 apexmino@hanmail.net

㈜두드림미디어
등 록 2015년 3월 25일(제2022-000009호)
주 소 서울시 강서구 공항대로 219, 620호, 621호
전 화 02)333-3577
팩 스 02)6455-3477
이메일 dodreamedia@naver.com(원고 투고 및 출판 관련 문의)
카 페 https://cafe.naver.com/dodreamedia

ISBN 979-11-93210-30-7 (03370)